21世纪高等教育会计通用教材
省级精品课程教材《会计学原理》配套用书

U0792387

会计学原理同步检测

（第五版）

Kuaijixue Yuanli Tongbu Jiance

张志康　编著

东北财经大学出版社　大连
Dongbei University of Finance & Economics Press

图书在版编目（CIP）数据

会计学原理同步检测 / 张志康编著. —5版. —大连 ：东北财经大学出版社，2023.8
（21世纪高等教育会计通用教材）
ISBN 978-7-5654-4689-0

Ⅰ. 会… Ⅱ. 张… Ⅲ. 会计学-高等学校-习题集 Ⅳ. F230-44

中国国家版本馆CIP数据核字（2023）第146757号

东北财经大学出版社出版
（大连市黑石礁尖山街217号 邮政编码 116025）
网 址：http：//www.dufep.cn
读者信箱：dufep@dufe.edu.cn

大连天骄彩色印刷有限公司印刷 东北财经大学出版社发行

幅面尺寸：205mm×285mm 字数：358千字 印张：13.5
2023年8月第5版 2023年8月第1次印刷

责任编辑：李 栋 责任校对：惠恩乐
封面设计：原 皓 版式设计：原 皓

定价：35.00元

教学支持 售后服务 联系电话：（0411）84710309
版权所有 侵权必究 举报电话：（0411）84710523
如有印装质量问题，请联系营销部：（0411）84710711

21世纪高等教育会计通用教材

省级精品课程教材《会计学原理》配套用书

会计学原理同步检测

（第五版）

学　　校：________________

学　　院：________________

专　　业：________________

年　　级：________________

班　　级：________________

学年学期：________至________学年第______学期

学生姓名：________________

授课教师：________________

辅导教师：________________

第五版前言

党的二十大报告中指出，要深化教育领域综合改革，加强教材建设和管理。大学教材是高等学校教育教学、推进立德树人的关键要素。为了进一步充实、完善和更新《会计学原理》教材内容，我们修订出版了《会计学原理》第五版。由于《会计学原理同步检测》是与《会计学原理》配套使用的教学辅助用书，因而必然需要配套修订出版《会计学原理同步检测》第五版。

此次对《会计学原理同步检测》的修订，主要涉及以下几个方面的内容：

第一，按照《中共中央关于认真学习宣传贯彻党的二十大精神的决定》的要求，遵循党的二十大精神指导修订工作，并在第一章中结合我国会计的悠久历史，补充了若干测试题目，以利于提高对我国会计历史辉煌的初步认识，树立文化自信的理念，增强专业认同感和学习会计专业知识的信心；

第二，按照修订后的《会计学原理》教材每一章的教学目标和要求，进一步充实和完善了第一章、第二章、第四章、第九章、第十二章、第十四章、第十五章和第十六章的相关测试题目；

第三，按照修订后的《会计学原理》教材内容，更新了第十章和第十五章的部分测试题目；

第四，按照修订后的《会计学原理》教材内容，进一步充实、完善和更新了第八章和第九章业务题中交易或事项的种类、内容，从而进一步加强了对会计实务业务处理能力和操作技能的训练。

在此次《会计学原理同步检测》修订过程中，我校会计学院胡北忠、梁媛媛老师给予了诸多宝贵建议和热情帮助，在此特向他们表示衷心的感谢。

此外，我们也对与《会计学原理》《会计学原理同步检测》配套的《会计学原理课程实验》进行了修订，出版了第六版。希望《会计学原理》《会计学原理同步检测》《会计学原理课程实验》的修订出版，对兄弟院校“会计学原理”课程的教学能起到更好的促进作用。

张志康

2023年5月于贵州财经大学

第一版前言

在当下的大学里，“会计学原理”（Accounting Principles）亦被称为“基础会计”“会计学基础”“初级会计学”等，是主要阐述会计基本理论、基本方法、基本技能和会计工作组织管理基本知识的一门课程，是初学会计者步入会计殿堂必须首先学习的一门专业课程，也是包括会计学、审计学、财务管理等在内的管理类各专业及经济类各专业学生的必修课程。

“会计学原理”课程涉及的会计基础知识面较宽，内容较多，理论知识较为抽象，同时其实用性、操作性很强，具有显著的方法性和技术性特点。在多年的教学实践中，笔者深深感到，学习者在学习该课程过程中同步检测各章节的学习成效，对于循序渐进地抓住课程的重点和难点，掌握课程的学习方法，提高分析问题、解决问题的能力和动手能力，从而全面、系统地掌握会计基本理论、基本方法、基本技能和会计工作组织管理基本知识，提升课程应试能力，具有十分重要的作用。为此，我们根据《会计学原理》（张志康主编，东北财经大学出版社2011年版）教材并结合课程教学大纲、课程考试的要求，编写了这本《会计学原理同步检测》。同时，我们也希望本书与《会计学原理课程实验》（张志康、梁媛媛、白晓雨、张典编著，东北财经大学出版社2009年版）一书的编写、出版一样，成为与《会计学原理》教材完全匹配的辅助教材和学习辅导书，既能切实满足课程教学及其不断改革的需要，又能全面反映“会计学原理”课程建设成果。

本书的编写遵循《会计学原理》教材的章节顺序和课程教学大纲、课程考试的要求，立足循序渐进、同步检测，教师易于用以结合课程教学进度安排课后练习，学习者易于用以同步检测《会计学原理》各章节的学习成效。在编写过程中，本书采用了填空题、判断题、单项选择题、多项选择题、名词解释、简答题、业务题等多种常见题型并附有参考答案，力图将《会计学原理》的主要内容和重点、难点试题化，在同步全面传送《会计学原理》知识体系的同时，帮助学习者同步检测《会计学原理》学习成效，逐步巩固课程学习成果，不断提升课程应试能力。需要指出的是，“会计学原理”课程的各类考试大都已经不再采用填空题和名词解释的题型，本书继续采用，看似增加了篇幅和学习者的负担，然而“失之东隅，收之桑榆”，相信这样的安排更有利于学习者完整地把握《会计学原理》知识体系，增强课程应试能力。此外，为便于初学者了解“会计学原理”课程考试情况，本书还以附录的形式编写了一套模拟试卷。总之，我们希望通过编写过程中的不懈努力，使本书与《会计学原理》和《会计学原理课程实验》一道，共同成为“会计学原理”课程学习者的有益工具，成为各位同行的良好帮手。

本书在编写过程中，钱润红教授、廖治宇副教授、邱静副教授、李志益副教授、李艳副教授、徐倩副教授和袁旭讲师提出了许多具体的意见和建议，梁媛媛、张媛、刘枫、张昕、高文、季忠艳、解翼、李健、景东东帮助校对了全部书稿。在此，对他们付出的辛劳表示衷心的感谢。

在编写过程中，尽管我们在总结多年经验的基础上吸纳了百家之长，但由于经验和水平所限，加之时间仓促，本书缺点、错误在所难免，在此真诚地希望同行、读者予以批评指正。

张志康

2011年8月于林城

目　录①

第一部分　各章同步检测试题

① 括号内为参考答案所在页码。

第一部分

各章同步检测试题

第一章

会计概述

一、填空题

1.会计是适应________________和________________的要求而产生并发展的。

2.会计的产生、发展经历了漫长的历史过程，这一过程大致可以分为________________、________________和____________三个发展时期。

3.1494年，意大利数学家、近代会计之父____________有关复式记账论著的出版，突破了传统的单式记账，标志着________的开始。

4.2006年2月15日，财政部发布了由1项__________和38项__________组成的一套与国际财务报告准则（IFRS）趋同的、可以独立施行的企业会计准则体系，这标志着适应我国市场经济发展要求、与国际惯例实质性趋同的企业会计准则体系正式建立，成为我国会计发展史上的重要里程碑。

5.会计的基本职能主要是对特定组织的经济活动进行______________和______________。

6.会计是旨在______________的一种活动，是________________的重要组成部分。

7.会计以________作为主要计量单位，借助__________，对特定组织的经济活动进行完整、连续、系统的反映和监督。

8.一般认为，现代会计有两大分支，即________会计和________会计。

9.会计核算是通过价值量对经济活动进行________、________、________，并进行公正________的工作。

10.马克思曾经指出，会计是对生产“过程的控制和观念总结”。我国会计界通常把“过程的控制和观念总结”理解为______________和____________。

二、判断题（以下说法，正确的在题干后的括号内打“√”，错误的打“×”）

1.会计是随着国家的产生而产生并适应生产关系的变革需要而发展变化的。（　　）

2.会计的职能随着经济的发展和会计内容、作用的不断扩大而发展。（　　）

3.会计主要利用实物量度对各单位的经济活动进行综合反映。（　　）

4.会计监督是会计反映的基础，会计反映是会计监督的延伸和保证。（　　）

5.财务会计侧重于过去的数据，主要向企业外部关系人提供有关财务状况、经营成果和现金流量等方面的信息，也称为对外报告会计；管理会计侧重于未来的数据，主要向企业经营者和内部管理者提供进行经营规划、经营管理、预测决策等所需的相关信息，也称为对内报告会计。（　　）

三、单项选择题（在每小题所给4个选项中选出1个正确的，将其序号填入题干后的括号内）

1.会计的产生和发展是适应（　　）

A.科技进步的需要　　B.国家产生和发展的需要

C.生产管理的需要　　D.生产关系变革的需要

2.反映和监督是会计的　　(　　)

A.基本性质　　B.基本职能　　C.基本方法　　D.基本内容

3.“管理活动论”认为，从本质上讲，会计是一种　　(　　)

A.经济管理的工具　　B.记账、算账、报账的业务工作

C.经济管理的方法　　D.经济管理活动，是经济管理的重要组成部分

4.会计对特定组织的经济活动进行综合反映，主要利用　　(　　)

A.实物量度和货币量度　　B.劳动量度

C.货币量度　　D.实物量度

5.马克思之所以说簿记“对公有生产，比对资本主义生产更为必要”，是因为　　(　　)

A.经济越发展，会计越重要　　B.公有生产实行计划经济

C.公有生产实行有计划的市场经济　　D.资本主义实行盲目的市场经济

6.近代会计开始的标志是　　(　　)

A.10万～30万年前旧石器时代中、晚期人类原始计量、记录行为的产生

B.从秦汉到唐宋，“四柱清册”方法的逐步形成

C.1494年卢卡·帕乔利《算术、几何、比及比例概要》一书的出版

D.1854年第一个会计师协会——苏格兰的爱丁堡会计师协会的成立

7.下列关于财务会计的表述中，不正确的是　　(　　)

A.财务会计侧重于过去的信息

B.财务会计侧重于为外部有关各方提供所需数据

C.财务会计侧重于向内部管理者提供经营管理、预测决策等所需的相关信息

D.财务会计侧重于提供有关企业财务状况、经营成果和现金流量情况等信息

8.在我国，从秦、汉到唐、宋，逐步形成了一套记账、算账的古代会计模式，即　　(　　)

A.中式簿记法　　B.四柱清册法　　C.单式记账法　　D.复式记账法

9.我国西周王朝设有专门管理钱粮赋的官员，总管王朝会计的官职为　　(　　)

A.计会　　B.会计　　C.司会　　D.会司

10.我国历史上第一个会计师公会是　　(　　)

A.广州会计师公会　　B.徐永祚会计师事务所　　C.上海会计师公会　　D.天津会计师公会

11.对会计有着最直接、最广泛影响的环境因素是　　(　　)

A.经济因素　　B.政治因素　　C.法律因素　　D.科技因素

四、多项选择题（在每小题所给5个选项中选出2～5个正确的，将其序号填入题干后的括号内。多选、漏选、误选均属错误）

1.会计的特点是　　(　　)

A.应用专门的核算方法　　B.以货币作为主要计量单位进行综合反映

C.以凭证作为主要依据　　D.会计核算具有可比性、及时性、重要性

E.会计核算具有连续性、系统性、完整性

2.会计的基本职能是　　(　　)

A.预测　　B.决策　　C.反映

D.监督　　E.评价

3.影响会计生存和发展的环境因素包括　　(　　)

A.政治因素　　B.法律因素　　C.经济因素

D.科教因素　　E.文化因素

4.纵观中外会计学界对会计本质的认识，主要有 (　　)

A.“管理活动论”　　B.“信息系统论”　　C.“控制系统论”

D.“生产活动论”　　E.“经济活动论”

5.关于会计的产生和发展，下列说法正确的有 (　　)

A.社会生产的发展、经济管理的客观要求是会计产生和发展的前提条件

B.会计经历了一个由简单到复杂、由低级到高级的漫长历史发展过程

C.会计从其产生起一直发展到今天，经历了古代、近代和现代会计三个发展时期

D.社会生产越发展，经济管理要求越高，会计就越重要

E.一个既融入世界又彰显自身魅力和影响力的中国会计发展的时代即将到来

6.关于会计的职能，下列说法正确的有 (　　)

A.会计职能说明会计客观上存在着什么样的能力

B.我国会计学界比较公认的观点是会计具有反映和监督两大基本职能

C.会计反映是会计监督的基础

D.会计监督是会计反映的延伸和保证

E.随着生产的发展和管理的加强，会计职能的内容也会不断丰富和发展

7.会计产生、发展经的历史过程，大致可以分为 (　　)

A.远古会计发展时期　　B.古代会计发展时期　　C.近代会计发展时期

D.现代会计发展时期　　E.未来会计发展时期

8.现代会计包括两大分支，即 (　　)

A.宏观会计　　B.微观会计　　C.财务会计

D.管理会计　　E.战略管理会计

五、名词解释

1.会计反映职能　　2.会计监督职能　　3.会计环境

六、简答题

1.简述影响会计生存和发展的环境因素。

2.如何理解会计的含义？

3.会计有哪些特点？

第二章

会计目标和会计信息质量特征

一、填空题

1.关于会计目标的研究，学术界具有代表性的两大学说是________________________________和________________________。

2.企业会计应主要提供能够反映企业一定日期__________________、一定时期________________和一定时期__________等情况的会计信息。

3.会计信息质量的可比性要求，是指企业提供的会计信息应当具有____________________可比性和____________________可比性。

4.会计信息的纵向可比与横向可比实际上是一个问题的两个方面，二者的不同之处仅表现在：前者要求__________企业在__________时期尽可能采用一致的会计处理方法；后者要求__________企业在__________时期尽可能采用统一规定的会计处理方法。

二、判断题

1.人们的会计行为及组织实施的会计活动，决定着会计的目标。 ( )

2.企业对外提供会计信息，较为恰当的方式是设置和登记会计账簿，以会计账簿作为会计信息的载体。 ( )

3.企业应当以实际发生的交易或者事项为依据进行会计确认、计量和报告，如实反映符合确认和计量要求的各项会计要素及其他相关信息，保证会计信息真实可靠、内容完整。这既是会计信息质量可靠性特征的要求，也是对会计核算的总体性要求。 ( )

4.会计信息的及时性要求，是其相关性所要求的，或者说是相关性的限制因素。 ( )

5.按照会计信息质量的有用性要求，企业的会计信息应当完全满足财务会计报告使用者的所有要求。 ( )

6.企业不得故意低估资产或者收益，也不得故意高估负债或者费用。 ( )

三、单项选择题

1.会计的总体目标或终极目标是 ( )

A.满足国家宏观经济管理需要　　B.满足投资者、债权人的需要

C.讲求和提高经济效益　　D.讲求和提高社会效益

2.要求不同企业发生的相同或相似的交易或者事项，应当采用规定的会计政策，确保会计信息口径一致、相互可比，这一要求体现的会计信息质量特征是 ( )

A.重要性　　B.可比性　　C.及时性　　D.谨慎性

3.企业对固定资产折旧的计提选用加速折旧法，符合会计信息质量特征的 ( )

A.及时性　　B.谨慎性　　C.有用性　　D.可靠性

4.企业将融资租赁方式租入的固定资产视为企业的资产进行会计确认、计量和报告，符合会计信

息质量特征的 （ ）

A.可靠性　B.重要性　C.有用性　D.实质重于形式

5.按照会计信息质量特征的要求，企业对于不同时期发生的相同或相似的交易或者事项（ ）

A.应当采用一致的会计政策，不得变更

B.应当采用一致的会计政策，不得随意变更

C.可以采用不一致的会计政策，但要经过批准

D.可以采用不一致的会计政策，并且无须作任何说明

6.企业对外提供会计信息，较为恰当的方式是 （ ）

A.编制和发布招股说明书　B.填制和审核会计凭证

C.设置和登记会计账簿　D.编制和报送财务会计报告

7.要求企业如实反映发生的各项交易或者事项，不得提供虚假和歪曲的会计信息，不得涂改和伪造会计记录，这一要求体现的会计信息质量特征是 （ ）

A.重要性　B.可比性　C.可靠性　D.有用性

8.企业提供的会计信息应当与财务会计报告使用者的经济决策需要相关，这一要求体现的会计信息质量特征是 （ ）

A.有用性　B.重要性　C.可比性　D.明晰性

9.按照实质重于形式的要求，下列应被视为企业资产，进行确认、计量和报告的是 （ ）

A.以经营租赁方式租入的机器设备　B.以融资租赁方式租入的机器设备

C.准备购入的机器设备　D.准备租入的机器设备

四、多项选择题

1.下列属于会计信息质量特征的是 （ ）

A.实质重于形式　B.货币计量　C.计量精确性

D.可比性　E.及时性

2.会计信息质量特征中的谨慎性的具体要求包括 （ ）

A.不应高估资产　B.不应高估收益　C.不应低估负债

D.不应低估费用　E.不应高估费用和不应低估收益

3.企业会计信息使用者包括 （ ）

A.政府有关部门　B.投资者　C.债权人

D.企业管理者　E.一般大众

4.关于会计目标的研究，学术界具有代表性的学派是 （ ）

A.“管理活动说”　B.“信息系统说”　C.“控制系统说”

D.“受托责任说”　E.“决策有用说”

5.我国《企业会计准则——基本准则》指出，财务会计报告的目标是 （ ）

A.提供与企业财务状况有关的会计信息

B.提供与企业经营成果有关的会计信息

C.提供与企业现金流量有关的会计信息

D.反映企业管理层对受托责任的履行情况

E.有助于财务会计报告使用者作出经济决策

6.企业应对外提供的会计信息主要包括 （ ）

A.企业的投资者　B.企业的债权人　C.企业的财务状况

D.企业的经营成果　E.企业的现金流量

7.会计信息质量特征中的谨慎性针对的是 ( )

A.资产 B.负债 C.所有者权益

D.收益 E.费用

五、名词解释

1.会计目标 2.可靠性特征 3.有用性特征

六、简答题

1.我国《企业会计准则——基本准则》对财务会计报告的目标是如何表述的?

2.什么是会计信息质量特征?其内容有哪些?分别有什么含义?

第三章

会计对象和会计要素

一、填空题

1.社会再生产过程中发生的能够以__________表现的__________，就构成了会计的一般对象。

2.资产、负债、所有者权益是企业__________的静态表现，也可视为__________的要素；收入、费用、利润是企业__________的动态表现，也可视为__________的要素。

3.交易性金融资产是企业为交易目的所持有的__________、__________和__________等。

4.负债按其流动性（也即偿还期限长短）可分为__________和__________两类。

5.所有者权益的来源包括__________、__________和留存收益等。

6.利得和损失包括直接计入__________的利得和损失、直接计入__________的利得和损失，前者是所有者权益的构成内容，后者是利润的构成内容。

7.企业的期间费用不计入__________，而是直接计入__________。

8.利润总额=__________+__________−__________。

二、判断题

1.任何不属于流动资产定义的资产统称为非流动资产或长期资产。（　）

2.一项财产物资要作为企业的资产，其所有权必须属于企业。（　）

3.应收票据、应收账款、预收账款均属于资产；应付票据、应付账款、预付账款均属于负债。（　）

4.应付票据、应付账款、应付股利、应付债券均属于流动负债。（　）

5.所有者权益是企业投资人对企业全部资产的所有权。（　）

6.权益包括负债（债权人权益）、实收资本、资本公积、其他综合收益、盈余公积、未分配利润。（　）

7.所有者权益在数量上等于企业全部资产与全部负债之和。（　）

8.资本公积主要有两个来源，一个是投资者或者他人投入到企业、所有权归属于投资者，并且金额上超过法定资本部分的资本，另一个是其他资本公积。（　）

9.资本公积、盈余公积均可用以弥补亏损和按规定程序转增资本。（　）

10.销售库存商品和多余的材料等取得的收入都属于工业企业的主营业务收入。（　）

11.费用产生于企业的日常活动，是为取得收入而付出的代价，费用与收入之间必须存在配比关系。（　）

12.利润金额的确认、计量依赖于企业的收入、费用及直接计入当期利润的利得和损失。（　）

13.从广义上讲，企业的收入既包括企业在日常活动中形成的、会导致所有者权益增加的、与所有者投入资本无关的经济利益的总流入（即狭义的收入），也包括由企业非日常活动所形成的、会导致所有者权益增加的、与所有者投入资本无关的经济利益的流入（即利得），后者如直接计入当期利润的营业外收入等。（　）

三、单项选择题

1.预付账款属于会计要素中的 ( )

A.资产　B.负债　C.所有者权益　D.费用

2.按国家有关规定从税后利润中提取的公积金属于会计要素中的 ( )

A.资产　B.所有者权益　C.收入　D.利润

3.下列不属于流动资产的是 ( )

A.预付账款　B.交易性金融资产　C.原材料　D.机器设备

4.下列不属于非流动资产的是 ( )

A.存货　B.固定资产　C.无形资产　D.长期股权投资

5.下列属于非流动负债的是 ( )

A.应付票据　B.应付债券　C.应付账款　D.预收账款

6.应付股利属于会计要素中的 ( )

A.所有者权益　B.收入　C.负债　D.利润

7.下列不属于期间费用的是 ( )

A.销售费用　B.管理费用　C.财务费用　D.营业外支出

8.所有者权益的金额等于企业的 ( )

A.流动资产减流动负债　B.全部资产减全部负债

C.非流动资产减流动资产　D.非流动负债减流动负债

9.下列属于无形资产的是 ( )

A.应收账款　B.库存现金　C.商誉　D.专利权

10.以下选项，影响营业利润的是 ( )

A.营业外收入　B.营业外支出　C.投资收益　D.所得税费用

11.在企业会计要素中，收入减费用的余额等于企业的 ( )

A.负债　B.净资产　C.利润　D.营业利润

12.下列不属于会计要素的是 ( )

A.成本　B.利润　C.资产　D.负债

13.就性质而言，税金及附加是企业的 ( )

A.资产　B.负债　C.收入　D.费用

14.长期股权投资属于会计要素中的 ( )

A.资产　B.负债　C.所有者权益　D.费用

15.企业的营业利润加上营业外收入减去营业外支出，等于 ( )

A.所有者权益　B.净资产　C.净利润　D.利润总额

16.企业营业收入减去营业成本、税金及附加、销售费用、管理费用、财务费用，加上投资收益，即为 ( )

A.利润总额　B.营业利润　C.税后利润　D.净利润

17.收入、费用、利润三要素是企业资金运动的 ( )

A.静态表现　B.动态表现　C.综合表现　D.结构表现

18.企业从事非日常活动或由偶发的交易或事项中形成的经济利益流入，属于 ( )

A.盈余公积　B.营业利润　C.利得　D.收入

19.营业外收入属于 ( )

A.直接计入当期所有者权益的利得　B.直接计入当期利润的利得

C.直接计入当期所有者权益的损失　D.直接计入当期利润的损失

20.会计反映和监督的内容即是（ ）

A.会计环境 B.会计对象 C.会计目标 D.会计信息质量特征

21.下列关于所有者权益的说法，不正确的是（ ）

A.所有者权益包括实收资本、资本公积、其他综合收益、盈余公积和未分配利润

B.所有者权益包括实收资本、资本公积、盈余公积和留存收益

C.所有者权益的金额等于资产减去负债后的余额

D.盈余公积和未分配利润统称为留存收益

22.下列属于企业资产的是（ ）

A.即将购入的设备 B.经营租入的设备 C.融资租入的设备 D.已经报废的设备

四、多项选择题

1.下列属于存货的有（ ）

A.在途材料 B.库存材料 C.在产品

D.库存商品 E.库存现金

2.下列属于无形资产的有（ ）

A.商誉 B.债权 C.专利权

D.库存现金 E.商标权

3.对资产定义的理解，下列说法中，正确的有（ ）

A.资产是过去的交易或事项形成的资源 B.资产预期会给企业带来经济利益

C.资产应当为企业所拥有或控制 D.资产能够以货币计量

E.资产必须以劳务偿还

4.企业的所有者权益包括（ ）

A.实收资本 B.资本公积 C.盈余公积

D.未分配利润 E.其他综合收益

5.下列属于流动资产的有（ ）

A.交易性金融资产 B.预付账款 C.长期股权投资

D.预收账款 E.合同资产

6.下列属于流动负债的有（ ）

A.预付账款 B.预收账款 C.应付债券

D.应交税费 E.合同负债

7.资本公积包括（ ）

A.股本溢价 B.盈余公积 C.实收资本

D.资本溢价 E.外币资本折算差额

8.按企业从事的日常活动的经济性质不同，可将收入分为（ ）

A.营业外收入 B.其他业务收入 C.销售商品收入

D.提供劳务收入 E.让渡资产使用权收入

9.期间费用包括（ ）

A.税金及附加 B.管理费用 C.财务费用

D.销售费用 E.所得税费用

10.下列属于企业财务状况静态表现的会计要素是（ ）

A.资产 B.负债 C.所有者权益

D.收入 E.费用

11.下列属于非流动资产的有 ( )

A.无形资产　B.长期股权投资　C.长期待摊费用

D.固定资产　E.商誉

12.企业可以接受投资者投入的资产有 ( )

A.货币资金　B.存货　C.固定资产

D.无形资产　E.所得税费用

13.应收款和预收款之所以性质不同，是因为 ( )

A.预收款是人欠我　B.应收款是我欠人　C.预收款是我欠人

D.应收款是人欠我　E.应收款是资产，预收款是负债

14.企业的留存收益包括 ( )

A.投资收益　B.实收资本　C.资本公积

D.盈余公积　E.未分配利润

15.企业费用的发生可能表现为 ( )

A.资产的减少　B.资产的增加　C.负债的减少

D.负债的增加　E.所有者权益的增加

16.下列不影响企业营业利润的有 ( )

A.投资收益　B.主营业务收入　C.营业外支出

D.营业外收入　E.所得税费用

17.在企业会计核算中，通常将企业在日常活动中形成的收入分为 ( )

A.主营业务收入　B.其他业务收入　C.营业外收入

D.投资收益　E.代收的款项

18.关于利得和损失，下列说法正确的有 ( )

A.利得和损失是由企业非日常活动所形成、发生的

B.利得和损失会导致所有者权益发生增、减变动

C.利得是与所有者投入资本无关的经济利益的流入

D.损失是与向所有者分配利润无关的经济利益的流出

E.利得、损失包括直接计入所有者权益和直接计入当期利润的利得、损失

19.企业收入的形成总是伴随着 ( )

A.资产的增加　B.负债的减少　C.资产的减少

D.负债的增加　E.资产的增加或负债的减少

五、名词解释

1.会计对象　2.会计要素　3.流动资产　4.存货　5.实收资本　6.资本公积　7.利得　8.损失　9.留存收益

六、简答题

1.简述资产的定义、特征。

2.简述负债的定义、特征。

3.简述收入的定义、特征。

4.简述费用的定义、特征。

5.企业的净利润是如何计算的？

第四章

会计假设和会计记账基础

一、填空题

1.提出会计主体概念，是为了把某个会计主体的经济活动与________________和________的经济活动划分开，从而能够针对某个会计主体的经济活动组织会计核算工作。

2.企业适合采用的记账基础是________________，行政、事业单位适合采用的记账基础是________________。

3.以款项是否实际收到和付出作为标准，计算本期收入和费用的会计记账基础称为________________；以收入的权利和支出的义务是否属于本期作为标准，计算本期收入、费用的会计记账基础称为________________。

二、判断题

1.会计主体是指会计反映和监督的内容，而会计客体是指从事经济活动并对其进行核算的一个特定单位。（　　）

2.会计核算的记账基础是建立会计核算基本前提的基础。（　　）

3.会计主体假设明确了会计核算工作的时间范围，持续经营假设明确了会计核算工作的空间范围。（　　）

4.法律主体均可作为会计主体，但会计主体不一定是法律主体。（　　）

5.如果不给出持续经营假设，企业就会破产清算。（　　）

6.我国会计法规规定，业务收支以外币为主的企业可以选定某种外币作为记账本位币，但编制的财务会计报告应当折算为人民币反映。（　　）

7.会计期间分为会计年度、会计半年度、会计季度、会计月度。（　　）

8.目前，我国事业单位会计采用收付实现制；在行政单位会计中，除经营业务采用权责发生制外，其他大部分业务采用收付实现制。（　　）

9.对于待摊和预提的相关费用，由于其受益期在一个会计年度内而不影响企业一个会计年度损益的计算，为了简化会计核算工作，一般在支付时将其直接计入当期损益。（　　）

10.采用权责发生制的企业，对于受益期超过一个会计年度的预付费用，应当在其支付时先列作资产中的长期待摊费用，以后再根据受益情况分期计入若干会计年度的损益。（　　）

三、单项选择题

1.我国企业会计准则规定，企业采用的记账基础是（　　）

A.货币计价　B.相关性　C.收付实现制　D.权责发生制

2.下列哪项条件存在，才能使会计核算建立在非清算的基础上（　　）

A.会计主体假设　B.持续经营假设　C.会计分期假设　D.信息真实假设

3.下列属于会计核算基本前提（会计假设）的是（　　）

A.货币计量　　B.信息真实　　C.稳健谨慎　　D.信息有用

4.典型的会计主体是　　(　)

A.机关　　B.事业单位　　C.经营企业　　D.人民团体

5.组织会计核算工作、生成会计信息应当明确的前提条件是　　(　)

A.会计环境　　B.会计假设　　C.记账基础　　D.会计信息质量特征

6.明确会计核算工作空间范围的是　　(　)

A.货币计量假设　　B.持续经营假设　　C.会计主体假设　　D.会计分期假设

7.我国会计法规规定，会计核算采用的记账本位币是　　(　)

A.美元　　B.欧元　　C.英镑　　D.人民币

8.某会计主体采用收付实现制，下列不应作为本月收入的是　　(　)

A.本月销售商品，同时收到商业汇票

B.本月销售商品，收到货款并存入银行

C.本月向购货单位收回上月应收销货款，存入银行

D.本月预收销货款存入银行，下月向购货单位交货

四、多项选择题

1.会计假设（会计核算的基本前提）包括　　(　)

A.会计主体假设　　B.持续经营假设　　C.会计分期假设

D.信息有用假设　　E.货币计量假设

2.会计中期包括　　(　)

A.会计年度　　B.会计半年度　　C.会计季度

D.会计月度　　E.会计旬度

3.会计核算中所称的期末是指　　(　)

A.旬末　　B.月末　　C.季末

D.半年末　　E.年末

4.下列组织可以作为一个会计主体进行会计核算的有　　(　)

A.企业生产部门　　B.企业销售部门　　C.独资企业

D.分公司　　E.子公司

5.会计记账基础有　　(　)

A.经济责任制　　B.权责发生制　　C.永续盘存制

D.收付实现制　　E.实地盘存制

6.采用权责发生制计算本期收入、费用，下列说法正确的是　　(　)

A.本期实现的收入，不论其款项在本期是否实际收到，均作为本期的收入

B.本期发生的费用，不论其款项在本期是否实际付出，均作为本期的费用

C.凡不属于本期实现的收入，即使其款项在本期实际收到，也不作为本期的收入

D.凡不属于本期发生的费用，即使其款项在本期实际付出，也不作为本期的费用

E.本期实际收到款项的收入和付出款项的费用，均作为本期的收入和费用

7.某会计主体采用权责发生制，下列应作为本月收入的是　　(　)

A.本月销售商品，货款尚未收到

B.本月销售商品，收到商业汇票

C.本月销售商品，货款收到，存入银行

D.本月向购货单位收回上月应收销货款，存入银行

E.本月预收销货款存入银行，下月向购货单位交货

8.会计假设所要明确的前提条件主要涉及会计核算的 ( )

A.目标范围　　B.空间范围　　C.时间范围

D.业务范围　　E.计量单位

五、名词解释

1.会计主体假设　　2.持续经营假设　　3.会计分期假设　　4.货币计量假设

六、简答题

1.什么是会计假设？会计假设有哪些？

2.什么是权责发生制？采用权责发生制，本期的收入、费用是怎样确定的？

3.什么是收付实现制？采用收付实现制，本期的收入、费用是怎样确定的？

第五章

会计程序和会计方法

一、填空题

1.资产、负债、收入和费用的确认，都必须符合其____________和__________标准。

2.对会计要素进行计量，一是要确定______________，二是要选择__________________。

3.会计循环包括三个主要环节，即______________________、______________________、__________________。

二、判断题

1.会计确认实际上就是会计要素的确认。 （ ）

2.由于权益表明企业资产的来源渠道，因此，资产的确认主要依赖于所有者权益和负债的确认，资产金额的计量也主要取决于所有者权益和负债的计量。 （ ）

3.利润金额的计量主要取决于收入和费用，以及直接计入当期利润的利得和损失金额的计量。 （ ）

4.按照国际会计惯例，会计计量以货币作为统一计量尺度时，其货币应采用本国法定的名义货币。 （ ）

5.现值是指按照当前市场条件重新取得同样一项资产所需支付的现金或者现金等价物的金额。 （ ）

6.公允价值是指在公平交易中，熟悉情况的交易双方自愿进行资产交换或者债务清偿的金额。 （ ）

7.会计程序是对一个组织的经济活动进行反映和监督的整个过程及其步骤，也就是会计信息的加工处理程序。 （ ）

三、单项选择题

1.我国企业会计准则规定，企业在对会计要素进行计量时，一般应当采用 （ ）

A.公允价值　B.重置成本　C.历史成本　D.可变现净值

2.取得某项财产的当时所实际支付的现金或者现金等价物的金额称为 （ ）

A.重置成本　B.历史成本　C.公允价值　D.现值

3.在会计核算中处于核心地位的是 （ ）

A.会计确认　B.会计计量　C.会计记录　D.会计报告

4.最基本的会计方法是 （ ）

A.会计监督方法　B.会计预测方法　C.会计核算方法　D.会计决策方法

5.下列不属于会计核算环节的是 （ ）

A.会计确认　B.会计记录　C.会计报账　D.会计报告

四、多项选择题

1.会计程序的主要环节包括 (　　)

A.会计确认　B.会计计量　C.会计记录

D.会计报告　E.会计目的

2.会计要素中，不能单独进行会计确认的是 (　　)

A.资产　B.负债　C.所有者权益

D.收入和费用　E.利润

3.按照我国企业会计准则的规定，会计计量属性主要有 (　　)

A.历史成本　B.重置成本　C.可变现净值

D.现值　E.公允价值

4.会计记录的手段或记账载体主要是 (　　)

A.会计要素　B.会计凭证　C.会计账簿

D.会计方法　E.财务会计报告

5.会计循环的主要环节包括 (　　)

A.填制和审核会计凭证　B.复式记账　C.登记会计账簿

D.设置会计科目　E.编制财务会计报告

6.会计核算方法包括 (　　)

A.设置会计科目和复式记账　B.填制和审核会计凭证

C.登记会计账簿和成本计算　D.编制财务会计报告

E.会计确认和会计计量

五、名词解释

1.会计确认　2.会计计量　3.会计记录　4.会计报告　5.会计循环

六、简答题

1.资产应当如何确认?

2.会计核算有哪些专门方法?它们之间的关系是怎样的?

第六章

会计科目和账户

一、填空题

1.会计等式体现的平衡关系是________________、________________、____________的理论依据。

2.会计科目体系包括____________________和____________________，前者反映各科目之间的____________________联系，后者反映科目内部的________________联系。

3.会计科目按其提供指标的详细程度分为________________和________________两个级次。

4.________________是对会计要素具体内容进行分类核算所规定的项目，________________是对会计要素具体内容进行分类核算所采用的工具、方法。

5.会计科目是________________的名称，账户是根据____________________设置的。

6.在账户中所记录的四项金额分别是__________________________、__________________________、__________________________、____________________。

7.企业常用的成本类账户主要是____________________和____________________账户。

二、判断题

1.资产和权益是企业资金的两个组成部分。（ ）

2.“资产、负债”和“所有者权益”是同一笔资金的不同侧面，因此，“资产、负债”和“所有者权益”在数量上存在着必然相等的关系。（ ）

3.基本的会计等式反映和揭示了企业六个会计要素之间的数量关系。（ ）

4.没有无资产的权益，也没有无权益的资产。（ ）

5.一切交易或者事项的发生，都会引起会计等式左右两方的数额发生变化，但都不会破坏会计等式的平衡关系。（ ）

6.一切交易或者事项的发生，要么引起会计等式一方的数额有增有减，要么引起会计等式两方的数额同增同减，它们都不破坏会计等式的平衡关系。（ ）

7.资产表明企业拥有多少经济资源和拥有什么经济资源，权益则表明是谁提供了这些经济资源和谁对这些经济资源拥有要求权。（ ）

8.会计科目是对会计要素具体内容进行分类核算所采用的工具、方法；账户是对会计要素具体内容进行分类核算所规定的项目。（ ）

9.设置会计科目，就是将会计要素的具体内容科学地划分为若干项目，进而明确、严格地界定每一个会计科目的名称、含义、范围，使其具有特定的核算内容。（ ）

10.总分类科目是对会计对象具体内容进行总括分类核算的科目，它提供的总括核算指标基本上能满足企业外部有关方面的需要；明细分类科目是对总分类科目的进一步分类，它提供的明细核算资料主要为企业内部管理服务。（ ）

11.会计科目按提供指标的服务对象分为总分类科目和明细分类科目。（ ）

12.按照我国企业会计准则的规定，总分类科目一般由国家财政主管部门统一规定，企业一律不

得自行增、删、拆、并。（　　）

13.明细分类科目除企业会计准则规定设置的以外，由各企业根据经营管理需要比照企业会计准则的规定自行设置。（　　）

14.在会计实务中，除“库存现金”“银行存款”“累计折旧”等少数总分类科目不必设置明细分类科目以外，大多数总分类科目都需要设置明细分类科目。（　　）

15.总分类账户使用的计量单位有货币计量单位和实物计量单位。（　　）

16.账户的本期发生额反映会计要素增减变动情况，属于静态资料；账户的余额反映会计要素增减变动结果，属于动态资料。（　　）

17.在会计学中，会计科目和账户是可以相互通用、不加区别的概念。（　　）

18.账户的经济内容是其反映的会计要素具体内容，它体现了账户的不同性质。（　　）

三、单项选择题

1.资产与权益相互之间存在着（　　）

A.控制关系　B.对立关系　C.依存关系　D.从属关系

2.基本的会计等式是（　　）

A.资产=负债+所有者权益+收入-费用　B.收入-费用=利润

C.资产+费用=负债+所有者权益+收入　D.资产=负债+所有者权益

3.下列交易或者事项中，引起会计等式一方项目变化的是（　　）

A.接受投资者投入货币资金，款收存行

B.以银行存款偿还原欠供应单位的货款

C.从银行借入一笔短期借款，存行备用

D.按规定程序，将资本公积金转增资本

4.下列交易或者事项，引起资产中有关项目有增有减的是（　　）

A.收到购货方开来抵付其原欠货款的商业汇票

B.开出商业汇票用以偿付原欠供应单位的货款

C.按规定程序，将一笔盈余公积金转增资本金

D.经双方协商，将应付票据转作对企业的投资

5.在按国家法律、行政法规有关规定办理相应手续后，企业以银行存款返还投资者原来投入的资本。这一交易或者事项会引起（　　）

A.资产项目和权益项目同时增加　B.资产项目之间此增彼减

C.资产项目和权益项目同时减少　D.权益项目之间此增彼减

6.账户的余额往往在（　　）

A.左方　B.右方

C.记录增加金额的那一方　D.记录减少金额的那一方

7.账户本期的期末余额转入下期，就是下期的（　　）

A.期末余额　B.期初余额　C.本期增加额　D.本期减少额

8.对会计要素具体内容进行分类核算所采用的工具、方法称为（　　）

A.会计要素　B.会计科目　C.会计报表　D.账户

9.企业期初资产总额为500万元，本期收回应收账款为20万元，其期末资产总额为（　　）

A.480万元　B.500万元　C.520万元　D.540万元

10.以下账户，属于损益类账户的是（　　）

A.生产成本　B.应交税费　C.预付账款　D.税金及附加

11.企业为交易目的所持有的债券投资、股票投资、基金投资等，应当设置什么科目予以核算（　　）

A.应付债券　B.投资收益　C.交易性金融资产　D.长期股权投资

12.企业负担的城市维护建设税和教育费附加等，应设置什么科目予以核算（　　）

A.销售费用　B.管理费用　C.税金及附加　D.所得税费用

13.企业负担的所得税，应设置什么科目予以核算（　　）

A.税金及附加　B.所得税费用

C.本年利润　D.应交税费

14.企业应交纳的增值税、城市维护建设税、教育费附加、所得税等各种税费，应设置什么科目予以核算（　　）

A.应付账款　B.应交税费　C.税金及附加　D.所得税费用

15.企业生产部门为组织、管理商品生产发生的各项间接性生产费用，应当设置什么科目予以核算（　　）

A.生产成本　B.管理费用　C.制造费用　D.主营业务成本

16.总分类账户和明细分类账户之间存在着（　　）

A.平等关系　B.对立关系　C.主次关系　D.从属关系

四、多项选择题

1.针对资产和权益的关系，下列说法中正确的是（　　）

A.资产和权益是同一笔资金的两个侧面

B.资产和权益之间存在着相互依存关系

C.没有无资产的权益，也没有无权益的资产

D.资产和权益同时存在、同时消亡

E.资产和权益在任何时点都必然存在数额相等关系

2.企业因交易或者事项发生所引起的会计要素之间的变化情况包括（　　）

A.资产项目与负债或所有者权益项目之间同时增加或同时减少

B.资产项目之间或负债项目之间此增彼减

C.所有者权益项目之间此增彼减和负债项目与所有者权益项目之间此增彼减

D.资产项目与负债或所有者权益项目之间此增彼减

E.负债项目与所有者权益项目之间同时增加或同时减少

3.下列交易或者事项中，引起会计等式两方同时变动的是（　　）

A.购入新的载货汽车一辆，货款由银行转账支付

B.收到投资者投入的一项专利权和一批机器设备

C.原开出的一张商业汇票到期，款项由银行转账付讫

D.从银行借入一笔短期借款，直接偿还原欠供货方货款

E.收到一张商业汇票，购货方用以抵付原欠货款

4.下列交易或者事项中，不会改变企业资产总额或权益总额的是（　　）

A.商业汇票到期，款项收存银行　B.预收销货款存入银行

C.以银行存款偿还银行借款　D.将盈余公积转增资本

E.将应付账款转作实收资本

5.引起收入、费用要素增减变化的交易或者事项，其基本类型主要有（　　）

A.收入的形成伴随着相等金额资产的增加

B.收入的形成伴随着相等金额负债的减少
C.费用的发生伴随着相等金额资产的减少
D.费用的发生伴随着相等金额负债的增加
E.收入的形成伴随着相等金额负债的增加或资产的减少

6.会计等式体现的平衡关系是下列哪项的理论依据 ( )
A.设置会计科目 B.复式记账 C.登记会计账簿
D.成本计算 E.编制资产负债表

7.下列会计科目中，属于所有者权益类的是 ( )
A.实收资本 B.资本公积 C.盈余公积
D.本年利润 E.利润分配

8.下列会计科目中，属于成本类的是 ( )
A.生产成本 B.制造费用 C.主营业务成本
D.管理费用 E.营业外支出

9.下列会计科目中，属于损益类的是 ( )
A.主营业务收入 B.营业外收入 C.税金及附加
D.制造费用 E.管理费用

10.通过账户记录直接提供的核算资料是 ( )
A.期初余额 B.本期增加发生额 C.本期减少发生额
D.期末余额 E.本期增减发生额的比率

11.下列会计科目中，不必设置明细分类科目的是 ( )
A.库存现金 B.银行存款 C.固定资产
D.累计折旧 E.利润分配

五、名词解释

1.会计等式 2.会计科目 3.账户

六、简答题

1.为何企业的资产和权益之间始终存在数额相等关系？这种关系意义何在？
2.简述引起资产和权益项目变化的交易或者事项的九种基本情况。
3.一切交易或者事项发生是否破坏会计等式？为什么？
4.简述引起收入、费用变动的交易或者事项的基本类型及其对会计等式的影响。
5.简述设置会计科目的含义。
6.什么是会计科目、账户？二者的主要联系、区别是什么？
7.什么是账户的经济内容？账户按经济内容分为哪几类？

七、业务题

习题6-1-1 练习企业会计科目的设置方法

（一）要求

根据资料所列经济内容，分别判定其应归属的会计科目及会计科目应归属的性质，填入表中。

（二）资料

某企业部分经济内容如下：

序号	经济内容	应属会计科目	会计科目应属性质
1	办公楼、厂房、机器设备、汽车		
2	库存各种原材料		
3	出纳人员保管的现金		
4	偿还期为半年的银行借款		
5	库存完工待售的产成品		
6	存入开户银行的款项		
7	职工借支的款项		
8	应收购货单位货款		
9	应付供应单位货款		
10	向购货单位预收的销货款		
11	向供应单位预付的购料款		
12	已收到购货单位签发承兑的商业汇票		
13	签发承兑后已给供应单位的商业汇票		
14	投资者投入的资本金		
15	尚在车间生产的产品发生的费用		
16	车间组织管理产品生产发生的费用		
17	企业行政管理部门发生的各种费用		
18	短期借款利息费用		
19	销售商品发生的广告费等费用		
20	预收的包装物押金		
21	预付的包装物押金		
22	应收的保险赔款		
23	应付职工薪酬、福利费等		
24	应交纳的各种税金及教育费附加		
25	销售商品实现的收入		
26	捐赠利得		
27	销售商品负担的税金及教育费附加		
28	应负担的所得税		
29	已售商品的生产成本		
30	为交易目的持有的股票投资		
31	本年已实现的净利润		
32	已分配利润		
33	应付给投资者的利润		
34	企业拥有的专利权、商标权		
35	从税后利润中提留的公共积累		
36	资本溢价、股本溢价		
37	非常损失、公益性捐赠支出		

习题6-2-2 练习交易或事项的类型及其对会计等式的影响

（一）要求

1.根据资料一，编制该企业8月份的“资产负债表”；

2.根据资料二，指出每笔交易或事项涉及的会计要素、会计科目及其金额，并判别其是增还是减，将结果写在每笔交易或事项的下方；

3.根据要求1和要求2的解答结果，计算并编制该企业9月份的“资产负债表”。

（二）资料

1.资料一：某企业8月31日资产、负债、所有者权益类账户余额如下（单位：元）：

库存现金	1 000	银行存款	90 000	交易性金融资产	20 000
应收账款	20 000	原材料	40 000	库存商品	60 000
债权投资	50 000	固定资产	180 000	累计折旧	20 000
无形资产	130 000	短期借款	30 000	应付票据	10 000
应付账款	20 000	应交税费	5 000	应付股利	21 000
长期借款	85 000	实收资本	220 000	盈余公积	80 000
本年利润	100 000				

2.资料二：该企业9月份发生的全部交易或事项如下：

（1）赊购原材料一批，货款计30 000元，材料验收入库。

（2）以银行存款支付到期商业汇票票款10 000元。

（3）收到投资者投入新设备一台，价值9 000元。

（4）按规定办理相应手续后，以银行存款支付东方公司原来投入的资本金20 000元。

（5）收到一张面值为15 000元的商业汇票，购货单位用以抵付原欠货款。

（6）从银行取得短期借款40 000元，直接偿还供应单位账款。

（7）按规定程序，将盈余公积20 000元转增资本。

（8）按规定办理手续后，签发承兑一张面值为10 000元的商业汇票给海华公司，代投资者东方公司偿还其原欠海华公司的购料款，据以抵付东方公司原投入本企业的资本。

（9）经协商，由南方公司替本企业归还短期借款50 000元，作为对本企业的投资。

（10）购入材料一批，货款计30 000元，材料已验收入库，以银行存款支付货款20 000元，其余货款暂欠。

（11）以银行存款交纳税金5 000元，同时提取现金300元备用。

（12）收到投资者投资：①人民币80 000元，已存入银行；②新设备一台，价值20 000元。

资产负债表（简表）

编制单位：　　　　　　　　××××年8月31日　　　　　　　　单位：元

资　产	期末余额	负债和所有者权益	期末余额
库存现金		短期借款	
银行存款		应付票据	
交易性金融资产		应付账款	
应收票据		应交税费	
应收账款		其他应付款	
原材料		长期借款	
库存商品		实收资本	
债权投资		盈余公积	
固定资产		本年利润	
无形资产			
资产总计		负债和所有者权益总计	

资产负债表（简表）

编制单位：　　　　　　　　××××年9月30日　　　　　　　　单位：元

资　产	期末余额	负债和所有者权益	期末余额
库存现金		短期借款	
银行存款		应付票据	
交易性金融资产		应付账款	

续表

资　产	期末余额	负债和所有者权益	期末余额
应收票据		应交税费	
应收账款		其他应付款	
原材料		长期借款	
库存商品		实收资本	
债权投资		盈余公积	
固定资产		本年利润	
无形资产			
资产总计		负债和所有者权益总计	

第七章

复式记账法：原理

一、填空题

1.复式记账法建立的理论依据是________________________。

2.我国曾经采用过的复式记账法有______________、______________、______________，现各企业、行政及事业单位均采用其中的______________。

3.会计分录有两种，一种是__________________分录，另一种是__________________分录。

4.借贷记账法的试算平衡包括__________________平衡的方法和________________平衡的方法。

5.有期末借方余额的账户，一般说来是_________________类账户和_________________类账户。

6.运用借贷记账法记账时，在有关账户（科目）之间都会形成__________、_________的相互关系，这种关系称为账户（科目）对应关系。存在着对应关系的账户称为________________。

二、判断题

1.复式记账是指对发生的每一项交易或者事项都必须以相等的金额在两个或两个以上账户中进行记录的记账方法。（　　）

2.借贷记账法是世界各国会计工作者公认的、普遍接受的一种复式记账法。（　　）

3.在借贷记账法的记账符号中，“借”表明会计要素的增加，“贷”则表明会计要素的减少。（　　）

4.在借贷记账法下，账户借、贷双方哪一方记增加，哪一方记减少，取决于账户的用途和结构。（　　）

5.就每一个账户而言，其期初余额和期末余额必定方向相同。（　　）

6.资产、成本类账户的余额一定是在借方，而负债、所有者权益类账户的余额一定是在贷方。（　　）

7.一般说来，损益类（含收入类、费用类）账户没有期末余额。（　　）

8.采用借贷记账法记账时，在有关账户之间形成的应借、应贷的相互关系，称为会计分录。（　　）

9.所谓试算平衡，就是检查一定时期内发生的交易或者事项在账户中的登记是否保持资产与负债和所有者权益之间的平衡。（　　）

10.借贷记账法的试算平衡包括发生额平衡的方法和余额平衡的方法，总的说来是借贷双方自动平衡。（　　）

11.在账户中登记某一项交易或者事项时，如果发生借方和贷方都多记或少记相同金额的错误，则通过编制试算平衡表即可发现这一错账。（　　）

12.对应账户之间必然存在着应借、应贷的相互依存关系，即账户对应关系。（　　）

13.一个账户，如果借方用来登记某项会计要素的增加额，则其贷方一定用来登记该项会计要素的减少额，两者必须相反。（　　）

14.按照借贷记账法的记账规则，一切会计分录中，每个账户记账金额必须是相等的。 (　　)

15.二借二贷的会计分录可以分解为两个简单会计分录。 (　　)

16.一借多贷或多借一贷的复合分录可以分解为多个简单分录。 (　　)

17.收入类账户的结构应与所有者权益类账户的结构一致，费用类账户的结构则应与所有者权益类账户的结构相反。 (　　)

18.会计分录按其涉及的账户之间是否存在账户对应关系，分为简单分录和复合分录。 (　　)

19.为了简化记账手续，可以将不同类型的交易或者事项合并在一起编制多借多贷的复合分录。 (　　)

20.试算平衡只能被视为检查账户记录是否正确而初步采用的一种方法。 (　　)

三、单项选择题

1.下列属于会计核算方法的是 (　　)

A.单式记账法　B.复式记账法　C.试算平衡法　D.平行登记法

2.建立复式记账法的理论依据是 (　　)

A.会计核算的基本前提　B.会计信息的质量特征

C.会计等式的平衡原理　D.平行登记的基本原理

3.世界各国通用的记账方法是 (　　)

A.借贷记账法　B.收付记账法　C.增减记账法　D.左右记账法

4.我国法定的会计记账方法是 (　　)

A.单式记账法　B.收付记账法　C.增减记账法　D.借贷记账法

5.采用复式记账法，对发生的每一项交易或者事项，都必须以相等的金额 (　　)

A.在两个或两个以上账户中同时进行登记

B.在总分类账户和明细分类账户中进行平行登记

C.在一个资产账户和一个负债或所有者权益账户中同时登记

D.在两个或两个以上相互关联的账户中同时进行登记

6.关于借贷记账法的记账符号，正确的说法是 (　　)

A.“借”表示增加，“贷”表示减少　B.“借”表示减少，“贷”表示增加

C.“借”表示借款，“贷”表示贷款　D.“借”“贷”二字是纯粹的记账符号

7.在借贷记账法下，账户借、贷双方哪一方记增加，哪一方记减少，取决于 (　　)

A.账户的账页格式　B.账户的用途结构

C.账户的经济内容　D.借贷方金额大小

8.采用借贷记账法，账户的贷方登记 (　　)

A.资产、成本的增加额　B.负债、所有者权益的减少额

C.费用的减少或转销额　D.收入的减少或转销额

9.所有者权益类账户的贷方登记所有者权益的 (　　)

A.增加额　B.减少额　C.增加或减少额　D.增加和减少额

10.关于成本类账户的结构，下列说法中，正确的是 (　　)

A.借方登记成本的减少额　B.贷方登记成本的增加额

C.一般没有期末余额　D.期末借方余额表示资产

11.关于费用类账户的结构，下列说法中错误的是 (　　)

A.借方登记费用减少或转销额　B.贷方登记费用减少或转销额

C.借方登记费用增加额　D.一般没有期末余额

12.期末结账后，损益类账户一般是　（　）

A.借方余额　B.贷方余额　C.没有余额　D.借方或贷方余额

13.资产负债（或债权债务）双重性质的账户期末结账后，一般是　（　）

A.借方余额　B.贷方余额　C.没有余额　D.借方或贷方余额

14.标明某项交易或者事项应借、应贷账户及其金额的记录称为　（　）

A.会计科目　B.会计记录　C.会计分录　D.会计报表

15.账户发生额试算平衡法即全部账户借方本期发生额合计等于全部账户贷方本期发生额合计，是由下列哪一项确定的　（　）

A.借贷记账法的记账规则　B.会计等式的平衡原理

C.交易或事项的不同类型　D.平行登记的基本原理

16."试算平衡表"中，期初余额、本期发生额、期末余额三大栏各自的借方合计与贷方合计相等，说明总分类账户的记录　（　）

A.肯定正确　B.肯定不正确　C.可能正确　D.前述答案均不正确

17.为了检查总账与明细账平行登记的结果是否正确，可以编制　（　）

A.会计科目表　B.试算平衡表

C.资产负债表　D.明细分类账户本期发生额和余额明细表

18.采用复式记账法所登记的有关账户之间存在着　（　）

A.平行关系　B.从属关系　C.对应关系　D.对立关系

19.借记"应收账款"账户，贷记"应收票据"账户，且两者金额相等，反映的交易或者事项内容是　（　）

A.企业收到购货单位签发承兑的用以抵付原欠货款的商业汇票

B.企业签发承兑商业汇票，用以偿付原欠供应单位货款

C.企业原收到的商业汇票到期，票款尚未收到

D.企业原开出的商业汇票到期，票款尚未支付

20.编制"试算平衡表"，能够发现的错账是　（　）

A.借方和贷方都多记或少记了不同的金额　B.应借应贷科目写错

C.借方和贷方都多记或少记了相同的金额　D.借贷方向刚好弄反

21.进行试算平衡，通常需要通过编制什么表格进行　（　）

A.会计科目表　B.试算平衡表　C.资产负债表　D.利润表

四、多项选择题

1.记账方法的基本要素一般包括　（　）

A.记账符号　B.账户名称　C.账户结构

D.记账规则　E.试算平衡

2.记账方法按照记录一项交易或事项时涉及的账户是否单一，可以分为　（　）

A.单式记账法　B.复式记账法　C.借贷记账法

D.平行登记法　E.试算平衡法

3.有期末贷方余额的账户，一般说来有　（　）

A.资产类账户　B.负债类账户　C.所有者权益类账户

D.成本类账户　E.损益类账户

4.下列不属于会计核算方法的有　（　）

A.单式记账法　B.复式记账法　C.试算平衡法

D.平行登记法　　E.设置会计科目

5.关于单式记账法，下列说法中，正确的有 （　　）

A.对发生的交易或者事项一般只记入一个账户中

B.没有一套完整的账户体系，账户设置不完整

C.账户之间的记录没有相互平衡的关系

D.不能全面、系统地反映交易或者事项的来龙去脉

E.不便于检查账户记录的正确性、完整性

6.采用借贷记账法，账户的借方登记 （　　）

A.资产、成本的增加额　　B.费用的减少或转销额　　C.所有者权益的增加额

D.收入的减少或转销额　　E.负债的减少额

7.下列账户中，贷方登记本期增加额的有 （　　）

A.资产类账户　　B.负债类账户　　C.所有者权益类账户

D.收入类账户　　E.费用类账户

8.下列账户中，期末结账后一般没有余额的有 （　　）

A.资产类账户　　B.负债类账户　　C.所有者权益类账户

D.收入类账户　　E.费用类账户

9.根据借贷记账法下账户的基本结构，每个账户可概括为 （　　）

A.期末借方余额反映期末的资产

B.期末贷方余额反映期末的负债或所有者权益

C.一个账户的期初余额或期末余额只可能在账户的一方

D.期末余额与期初余额方向相同，说明资金的性质没有改变

E.期末余额与期初余额方向相反，说明资金的性质发生转化

10.采用借贷记账法，编制的会计分录可能有 （　　）

A.一借一贷的分录　　B.多借一贷的分录　　C.一借多贷的分录

D.有借无贷的分录　　E.多借多贷的分录

11.编制会计分录时，必须弄清 （　　）

A.发生的交易或者事项涉及哪两个或两个以上账户

B.所涉及的账户属于什么性质

C.所涉及的账户增加或减少的金额

D.所涉及的账户的记账方向，即哪个记借方，哪个记贷方

E.所编的会计分录是否正确

12.编制“总分类账户试算平衡表”，不能发现的错账有 （　　）

A.应借应贷科目写错　　B.借方少记了金额贷方多记了相同的金额

C.借贷方向弄反　　D.借方和贷方都多记或少记相同金额

E.只记借方金额未记贷方金额

13.会计分录应标明的内容有 （　　）

A.账户性质　　B.账户名称　　C.记账符号

D.记账金额　　E.记账程序

14.复式记账法对发生的每一笔交易或事项都必须以相等的金额登记在 （　　）

A.一个账户中　　B.两个账户中

C.相互联系的两个或两个以上账户中　　D.三个以上账户中

E.存在对应关系的两个或两个以上账户中

15.负债类账户的结构有 （　　）

A.借方登记负债的减少额，贷方登记负债的增加额

B.期末若有余额，一般为借方余额

C.借方登记负债的增加额，贷方登记负债的减少额

D.期末若有余额，一般为贷方余额

E.期末应无余额

16.总分类账户与明细分类账户平行登记方法的要点有 ( )

A.登记的依据相同 B.登记的方向一致 C.登记的金额相等

D.资产等于负债加所有者权益 E.利润等于收入减费用

17.借贷记账法的试算平衡的理论依据包括 ( )

A.平行登记的原理 B.会计等式的平衡原理 C.记账规则的要求

D.会计分录的格式 E.会计科目的设置

五、名词解释

1.余额 2.本期发生额 3.会计分录 4.账户对应关系

六、简答题

1.什么是单式记账法？为什么说它是一种不太严密、不够科学的记账方法？

2.什么是复式记账法？它有哪些特点？其优点何在？

3.什么是借贷记账法？其基本内容包括哪些？

4.会计分录的种类有哪些？编制会计分录的步骤是怎样的？

5.什么是账户对应关系？其意义何在？

6.试述借贷记账法的试算平衡。

7.为什么对总分类账户和明细分类账户的登记要采用平行登记的方法？

8.什么是平行登记？其基本内容有哪些？结果怎样？

七、业务题

习题7-1-3 练习采用借贷记账法编制会计分录

（一）要求

根据资料所列交易或事项编制会计分录，并与习题6-2-2中要求2的解答结果进行比较。

（二）资料

某企业9月份发生的全部交易或事项如下：

（1）赊购原材料一批，货款共计30 000元，材料已验收入库。

（2）以银行存款支付到期商业汇票票款10 000元。

（3）收到投资者投入新设备一台，价值9 000元。

（4）按规定办理相应手续后，以银行存款支付东方公司原来投入的资本金20 000元。

（5）收到一张面值为15 000元的商业汇票，购货单位用以抵付原欠货款。

（6）从银行取得短期借款40 000元，直接偿还供应单位账款。

（7）按规定程序，将盈余公积20 000元转增资本。

（8）按规定办理手续后，签发承兑一张面值为10 000元的商业汇票给海华公司，代投资者东方公司偿还其原欠海华公司的购料款，据以抵付东方公司原投入本企业的资本。

（9）经协商，由南方公司替本企业归还短期借款50 000元，作为对本企业的投资。

（10）购入材料一批，货款计30 000元，材料已验收入库，以银行存款支付货款20 000元，其余货款暂欠。

（11）以银行存款缴纳税金5 000元，同时提取现金300元备用。

（12）收到投资者投资：人民币80 000元，已存入银行；新设备一台，价值20 000元。

习题7-2-4 练习借贷记账法

（一）要求

1.根据资料一，开设账户（“T”字形），记入期初余额；
2.根据资料二，编制会计分录（连同分录号一并写在每笔交易或事项的下部）；
3.过账，将所编会计分录登记入账；
4.结账，结出每个账户的本期发生额和期末余额；
5.试算平衡，根据账户记录编制“试算平衡表”；
6.根据账户的期末余额编制该企业10月份的“资产负债表（简表）”。

（二）资料

1.资料一：林城市新生药厂10月1日账户余额如下（单位：元）：

库存现金	3 300	银行存款	110 000	应收票据	17 000	应收账款	45 700
原材料	80 000	库存商品	65 000	固定资产	259 000	累计折旧	20 000
无形资产	130 000	短期借款	120 000	应付票据	50 000	应付账款	60 000
应交税费	19 000	长期借款	90 000	实收资本	300 000	资本公积	21 000
盈余公积	30 000						

2.资料二：林城市新生药厂10月份发生以下交易或事项：

（1）购入材料一批，材料当即验收入库，货款15 000元尚未支付。

（2）收到国家投入资金120 000元，款项存入银行。

（3）签发转账支票缴纳税金16 000元。

（4）通过银行汇款，偿还前欠异地供应单位货款30 000元。

（5）收到原购货单位偿还所欠的货款15 000元，存入银行。

（6）从银行取得偿还期为半年，年利率为8%的一笔借款25 000元，直接用以偿还前欠供应单位货款。

（7）车间生产产品领用材料一批，计50 000元。

（8）向购货单位预收销货款20 000元存入银行，下月交货。

（9）向租入单位收取包装物押金，计现金2 500元。

（10）将超过库存限额的现金1 800元存入银行。

（11）向供应单位预付购料款20 000元，由银行转账付讫，下月收料。

（12）采购员刘长江借支差旅费1 000元，以现金支票付讫。

（13）原开出的商业汇票到期，由银行转账支付票款25 000元。

（14）原收到的商业汇票到期，收到票款8 000元存入银行。

（15）收到购货单位签发承兑的3个月期的无息商业承兑汇票一张，面值为12 000元，用以抵付原欠货款。

（16）接受其他企业投资新机器一台，价值21 000元。

（17）按规定程序，将盈余公积18 000元转增资本金。

（18）以银行存款26 000元、现金800元支付产品生产发生的费用。

（19）购入材料一批，材料当即验收入库，货款计50 000元，由银行转账支付10 000元，其余暂欠。

（20）签发转账支票偿还到期借款，其中，短期借款60 000元，长期借款20 000元。

（21）签发现金支票，从银行提取现金1 700元。

（22）本月生产完工验收入库一批商品，结转该批商品的实际生产成本60 000元。

库存现金

银行存款

应收票据

应收账款

预付账款

其他应收款

原材料

库存商品

固定资产

累计折旧

无形资产

短期借款

应付票据

应付账款

预收账款

其他应付款

应交税费

长期借款

实收资本

资本公积

盈余公积

生产成本

试算平衡表

年　月

单位：元

会计科目	期初余额		本期发生额		期末余额	
	借方	贷方	借方	贷方	借方	贷方
库存现金						
银行存款						
应收票据						
应收账款						
预付账款						
其他应收款						
原材料						
库存商品						

续表

会计科目	期初余额		本期发生额		期末余额	
	借方	贷方	借方	贷方	借方	贷方
固定资产						
累计折旧						
无形资产						
短期借款						
应付票据						
应付账款						
预收账款						
其他应付款						
应交税费						
长期借款						
实收资本						
资本公积						
盈余公积						
生产成本						
合　计						

资 产 负 债 表（简表）

编制单位：　　　　　　　年　月　日　　　　　　　单位：元

资　产	期末余额	负债和所有者权益	期末余额
货币资金		短期借款	
应收票据		应付票据	
应收账款		应付账款	
预付款项		预收款项	
其他应收款		其他应付款	
存货		应交税费	
债权投资		长期借款	
固定资产		实收资本	
无形资产		资本公积	
商誉		盈余公积	
		未分配利润	
资产总计		负债和所有者权益总计	

习题7-3-5 练习账户对应关系并认识其重要性

（一）资料

林城市华神药业公司11月上旬有关账户记录如下（单位：元）：

库存现金

期初余额	3 000	(9)	300
(5)	200		

银行存款

期初余额	150 000	(2)	20 000
(3)	80 000	(4)	50 000
(7)	60 000	(6)	20 000
(12)	30 000	(11)	90 000
(13)	15 000	(14)	8 000

应收账款

期初余额	60 000	(7)	60 000
(8)	18 000		
(13)	5 000		

原材料

期初余额	213 000		
(6)	40 000		

固定资产

期初余额	520 000		
(1)	30 000		
(12)	20 000		

短期借款

(11)	20 000	期初余额	60 000

应付账款

(4)	50 000	期初余额	50 000
		(6)	20 000

长期借款

(11)	70 000	期初余额	170 000

实收资本

		期初余额	600 000
		(1)	30 000
		(10)	50 000
		(12)	50 000

资本公积

(10)	40 000	期初余额	50 000

盈余公积

(10)	10 000	期初余额	16 000

主营业务收入

		(3)	80 000
		(5)	200
		(8)	18 000
		(13)	20 000

管理费用

(9)	300		
(14)	8 000		

销售费用

(2)	20 000		

（二）要求

根据以上账户记录补编11月上旬的会计分录；再根据补编分录中的账户对应关系用文字说明每笔交易或事项的内容。

(1)

(2)

(3)

(4)

(5)

(6)

(7)

(8)

(9)

(10)

(11)

(12)

(13)

(14)

习题7-4-6 练习总分类账户和明细分类账户的平行登记

（一）要求

1.根据资料一，开设“原材料”“应付账款”总分类账户，按材料名称开设材料明细分类账户，按供应单位名称开设应付账款明细分类账户；

2.根据资料二编制会计分录（写出分录号，列出“原材料”和“应付账款”账户的明细分类 账户）；

3.采用平行登记的方法过账；

4.结账；

5.根据明细分类账户记录，编制原材料、应付账款明细分类账户本期发生额和余额明细表，并将其合计数与相应总分类账户进行核对。

（二）资料

1.资料一：林城市维民药厂11月1日“原材料”“应付账款”总分类账户及其明细分类账户余额如下（其他账户余额略）：

（1）“原材料”账户24 500元，其中，甲材料40吨，单价300元/吨，计12 000元；乙材料2 500千克，单价5元/千克，计12 500元。

（2）“应付账款”账户65 000元，其中，南明公司45 000元，云岩公司20 000元。

2.资料二：林城市维民药厂11月份发生以下交易或事项。

（1）3日，以银行存款65 000元偿清上月末应付供应单位货款。

（2）7日，从南明公司购入乙材料3 000千克，单价5元/千克，计15 000元。材料验收入库，货款当即由银行转账支付。

（3）12日，从云岩公司购入甲材料10吨，单价300元/吨，计3 000元；乙材料2 000千克，单价5元/千克，计10 000元。材料当即验收入库，货款尚未支付。

（4）18日，生产车间生产产品领用以下材料：甲材料20吨，单价300元/吨，计6 000元；乙材料3 500千克，单价5元/千克，计17 500元。

（5）19日，从云岩公司购入甲材料50吨，单价300元/吨，材料验收入库，货款暂欠。

（6）26日，生产车间生产产品领用甲材料35吨，单价300元/吨，计10 500元。

（7）28日，从南明公司购入乙材料6 000千克，单价5元/千克，计30 000元。材料验收入库，货款尚未支付。

（8）29日，从银行取得短期借款40 000元，直接用以偿还前欠供应单位货款，其中，南明公司15 000元，云岩公司25 000元。

总分类账户

会计科目：　　　　　　　　　　　　　　　　　　　　单位：

年		凭		摘　要	借　方	贷　方	借或贷	余　额
月	日	字	号					

会计科目：　　　　　　　　　　　　　　　　　　　　单位：

年		凭证		摘　要	借　方	贷　方	借或贷	余　额
月	日	字	号					

原材料明细分类账户

计量单位：

二级或明细科目：　　　　　　　　　　　　　　　　金额单位：

年		凭证		摘要	收入（借方）			发出（贷方）			结存（余额）		
月	日	字	号		数量	单价	金额	数量	单价	金额	数量	单价	金额

计量单位：

二级或明细科目： 金额单位：

年		凭证		摘 要	收入(借方)			发出(贷方)			结存(余额)		
月	日	字	号		数量	单价	金额	数量	单价	金额	数量	单价	金额

应付账款明细分类账户

二级或明细科目： 单位：

年		凭证		摘 要	借 方	贷 方	借或贷	余 额
月	日	字	号					

二级或明细科目： 单位：

年		凭证		摘 要	借 方	贷 方	借或贷	余 额
月	日	字	号					

原材料明细分类账户本期发生额和余额明细表

年 月 单位：

二级或明细科目	期初余额		本期发生额		期末余额	
	借方	贷方	借方	贷方	借方	贷方
合 计						
“原材料”账户						

应付账款明细分类账户本期发生额和余额明细表

年　月　　　　　　　　　　　　　　　　单位：

二级或明细科目	期初余额		本期发生额		期末余额	
	借方	贷方	借方	贷方	借方	贷方
合　计						
“应付账款”账户						

第八章

复式记账法：应用

一、填空题

1.企业筹集资金主要有两个基本渠道：一是向______筹集资金，二是向______筹集资金。

2.“材料采购”账户借方余额表示______。

3.采购材料的实际成本，一般由材料的______和______构成。

4.企业在一定时期发生的费用按其是否计入商品的生产成本分为______和______两类。

5.企业销售商品时向购货单位收取的销项税额记入“应交税费——应交增值税”账户______方，企业采购材料和物资时向供应单位支付的进项税额记入其______方。

6.结转生产完工验收入库商品的实际生产成本，应借记“______”账户，贷记“______”账户；结转已销售商品的实际生产成本，应借记“______”账户，贷记“______”账户。

7.主营业务成本=______×______。

8.年末结转全年实现的净利润，应借记“______”账户，贷记“______”账户；年末结转全年发生的亏损，则作相反的会计处理。

9.“利润分配——未分配利润”账户年终贷方余额表示______；年终借方余额表示______。

10.企业计算出应缴纳的城市维护建设税、教育费附加，应借记“______”账户，贷记“______”账户；计算出应缴纳的所得税，应借记“______”账户，贷记“______”账户。

11.经批准转销确实无法支付的应付账款，应借记“______”账户，贷记“______”账户；经批准转销确实无法收回的应收账款（坏账损失），则应借记“______”账户，贷记“______”账户。

12.在途材料的实际成本是“______”账户的借方余额；库存材料的实际成本是“______”账户的借方余额；在产品的实际生产成本是“______”账户的借方余额；库存商品的实际生产成本是“______”账户的借方余额。在期末编制资产负债表时，它们均应列入该表资产方中的“______”项目。

13.在“待处理财产损溢”总账科目下，应分设“______”和“______”两个明细科目。

14.存货的盘盈数额，在批准转销时，一般应记入“______”账户借方和“______”账户贷方。

15.流动资产中存货发生的盘亏及毁损数额，在批准转销时，属于非常损失造成的，应记入

“____________”账户借方；属于一般经营损失的，应记入“____________”账户借方；属于责任单位、责任者个人赔偿的，应记入“____________”账户借方。

16.盘存账户是用来核算、监督各项__________和__________的增减变动及其实存数额的账户。

17.债权债务结算账户借方余额表示____________________，贷方余额表示____________________。

18.企业可以设置“其他往来”账户核算__________和__________的增减变动及结果。

19.当备抵附加账户的余额与被调整账户的余额在相同方向时，它所起的是__________账户的作用；当其余额与被调整账户余额在相反方向时，它所起的是__________账户的作用。

20.“固定资产”账户和“累计折旧”账户按经济内容分类均是__________账户，按用途和结构分类则分别是__________账户和__________账户。

21.“累计折旧”账户和“坏账准备”账户按经济内容分类都属于__________账户，按用途结构分类则都属于__________账户。

二、判断题

1.为了核算偿还期在一年以内的各种借款的借入、归还及利息费用的支付情况，企业应设置“短期借款”账户。 (　　)

2.企业购入的固定资产，按实际支付的购买价款、包装费、运杂费、保险费等确定其原价，登记入账；接受投资者投入的固定资产，按投资合同或协议约定的价值确定其原价记账。 (　　)

3.在途材料就是尚在运输途中的材料。 (　　)

4.收到发票账单，货款及采购费用已经支付，则不论材料是否被运到并验收入库，均应记入“材料采购”账户借方。 (　　)

5.材料的买价、采购费用和进项税额，均应记入“材料采购”账户借方。 (　　)

6.在途材料、库存材料、在产品、库存商品均是企业的存货。 (　　)

7.材料的实际成本由买价和运输费、装卸费构成。 (　　)

8.“制造费用”账户贷方对应的借方账户一般是“生产成本”。 (　　)

9.企业支付购买职工福利用品的款项，应记入“应付职工薪酬”账户的借方。 (　　)

10.期间费用包括管理费用和财务费用，不包括销售费用和制造费用。 (　　)

11.“累计折旧”账户不进行明细分类核算。 (　　)

12.“固定资产”账户借方余额与“累计折旧”账户贷方余额的差额，表明企业拥有的固定资产的净值。 (　　)

13.向购货单位预收销货款的时间，就是销售商品收入的确认时间。 (　　)

14.已销售商品的实际生产成本，就是主营业务成本。 (　　)

15.企业行政管理部门和车间为组织、管理生产经营活动发生的各项费用即为管理费用。 (　　)

16.采购人员报销的差旅费计入材料采购成本。 (　　)

17.短期借款利息费用和银行存款利息收入，都通过“财务费用”账户进行核算，前者记入其借方，后者记入其贷方。 (　　)

18.通常，报经批准转销的确实无法支付的应付账款，应列作营业外收入，确实无法收回的应收账款，应列作营业外支出。 (　　)

19.通常，报经批准转销的盘亏固定资产净值，应列作营业外支出。 (　　)

20.“本年利润”账户贷方登记期末由损益类账户借方转入的各项收入，借方登记期末由损益类账户贷方转入的各项费用。 (　　)

21.“本年利润”和“利润分配”账户年终均无余额。 ( )

22.年终，“利润分配”账户与所属“利润分配——未分配利润”明细账户的余额是一致的。 ( )

23.向投资者分配利润时，记入“应付股利”账户的借方；向投资者支付利润时，记入“应付股利”账户的贷方。 ( )

24.企业最终的财务成果（经营成果）表现为产品销售利润。 ( )

25.按用途和结构分类，“累计折旧”是备抵账户，“固定资产”是资产账户。 ( )

26.按经济内容对账户进行分类，可以较为详细地了解各种账户的作用以及它们如何提供各种核算指标。 ( )

27.按照经济内容归为一类的账户可能具有不同的用途和结构，用途和结构相同或相似的账户又可能反映着不同的经济内容。 ( )

28.账户的经济内容直接或间接地依存于账户的用途和结构。 ( )

29.账户按用途和结构分类，是在账户按经济内容分类的基础上进一步对账户分类，是对账户按经济内容分类的必要补充。 ( )

30.除了反映货币资金的盘存账户外，其他盘存账户一般都可以通过设置和运用总分类账户提供实物和金额两种指标。 ( )

31.债权债务结算账户的期末借方余额表示企业债权的实际余额，期末贷方余额表示企业债务的实际余额。 ( )

32.就债权债务结算账户而言，其总分类账户的余额应与所属明细分类账户的借方余额合计与贷方余额合计的差额相等。 ( )

33.调整账户反映的是原始数字，被调整账户反映的是对原始数字的调整数字。 ( )

34.如果被调整账户的余额在借方，则附加账户的余额一定在贷方。 ( )

35.“材料成本差异”账户是“材料采购”账户的备抵附加账户。 ( )

36.用被调整账户反映的原始数字同调整账户反映的调整数字相加或相减，所求得的数字即为被调整账户的实际余额。 ( )

37.调整账户是可以离开被调整账户而独立存在的。 ( )

38.如果企业以“应付账款”账户核算应付账款和预付账款的增减结存情况，其期末借方余额即为企业的预付账款，期末贷方余额即为企业的应付账款。 ( )

39.备抵附加账户的期末余额可能在借方，也可能在贷方。 ( )

40.“本年利润”账户是“利润分配”账户的调整账户。 ( )

41.由于债权债务结算账户是双重性质账户，因而这类账户的期末余额可以同时在借方和贷方。 ( )

42.债权结算账户在一定条件下可以转化为债务结算账户。 ( )

43.备抵附加账户是根据调整账户的余额方向，来判别是用以对被调整账户进行备抵，还是进行附加的。 ( )

44.按用途和结构分类，“材料采购”账户既是一个计价对比账户，又是一个成本计算账户，而“生产成本”账户既是一个成本计算账户，也是一个计价对比账户。 ( )

45.企业在财产清查中发现的难以查明原因的现金长款，一般应列作企业的营业外收入。 ( )

46.“待处理财产损溢”账户是一个资产账户，其期末应无余额。 ( )

47.“待处理财产损溢”账户下设的“待处理流动资产损溢”明细分类账户，其核算内容一般只是流动资产中存货的盈亏情况。 ( )

三、单项选择题

1.企业接受其他单位或个人捐赠资产，应记入哪个账户的贷方 （ ）

A.“其他业务收入” B.“实收资本” C.“营业外收入” D.“盈余公积”

2.“生产成本”账户月末借方余额表示 （ ）

A.本月产品生产过程中发生的全部制造费用

B.本月产品生产过程中发生的全部生产费用

C.完工入库产品的实际生产成本

D.月末在产品的实际生产成本

3.下列项目中，不记入“实收资本”账户贷方的是 （ ）

A.盈余公积转增资本金 B.资本公积转增资本金

C.股本溢价 D.实际收到的投资者投入企业的资本金

4.从银行取得短期借款，企业对所应支付的利息一般采用 （ ）

A.按旬结算的办法 B.按月结算的办法 C.按季结算的办法 D.按年结算的办法

5.企业购入一台设备，买价为30 000元，增值税为3 900元；发生运杂费1 000元，增值税90元。则记入“固定资产”账户借方的金额为 （ ）

A.30 000元 B.31 000元 C.34 900元 D.34 990元

6.下列不应计入材料实际成本的是 （ ）

A.材料的运输费和装卸费 B.材料的进项税额

C.材料的包装费和仓储费 D.材料的买价

7.采购材料尚未支付给供应单位的进项税额，应记入的贷方账户是 （ ）

A.“原材料” B.“材料采购”

C.“应付账款” D.“应交税费——应交增值税”

8.在材料采购交易核算中，与“原材料”账户借方对应的贷方账户，一般说来是 （ ）

A.“银行存款” B.“应付账款” C.“预付账款” D.“材料采购”

9.下列账户中，月末没有余额的是 （ ）

A.“材料采购” B.“原材料” C.“生产成本” D.“制造费用”

10.“生产成本”账户借方本期发生额表示的是 （ ）

A.完工入库产品的实际生产成本

B.月末在产品的实际生产成本

C.本月产品生产过程中发生的全部制造费用

D.本月产品生产过程中发生的全部生产费用

11.与“制造费用”账户贷方对应的借方账户一般是 （ ）

A.“库存商品” B.“原材料” C.“生产成本” D.“应付职工薪酬”

12.固定资产因使用磨损而减少的价值，应记入 （ ）

A.“固定资产”账户贷方 B.“累计折旧”账户借方

C.“累计折旧”账户贷方 D.“生产成本”账户借方

13.就性质而言，应交税费属于企业的 （ ）

A.资产 B.负债 C.收入 D.费用

14.下列费用，应计入产品生产成本的是 （ ）

A.制造费用 B.管理费用 C.财务费用 D.销售费用

15.下列负债中，通常被指定以企业提供的货物偿付的是 （ ）

A.应付账款 B.预收账款 C.短期借款 D.应付利润

16.就引起会计要素的变化而言，结转已销售商品的实际生产成本，这一交易或事项反映的是（　　）

A.费用增加和资产减少　　B.资产增加和费用减少

C.费用要素此增彼减　　D.资产要素此增彼减

17.下列税费中，不应列入“税金及附加”账户核算的是（　　）

A.教育费附加　　B.增值税　　C.房产税　　D.城市维护建设税

18.下列税金中，应列作“所得税费用”账户核算的是（　　）

A.房产税　　B.所得税　　C.增值税　　D.城市维护建设税

19.“本年利润”账户月末借方余额表示（　　）

A.本月实现的净利润　　B.截至本月末止累计实现的净利润

C.本月发生的亏损总额　　D.截至本月末止累计发生的亏损总额

20.银行存款利息收入应记入哪个账户的贷方（　　）

A.“投资收益”　　B.“营业外收入”　　C.“财务费用”　　D.“管理费用”

21.支付给金融机构的相关手续费应记入哪个账户借方（　　）

A.“财务费用”　　B.“管理费用”　　C.“其他业务支出”　　D.“营业外支出”

22.企业销售商品时向购货单位收取的销项税额应（　　）

A.借记“应交税费——应交增值税”账户

B.借记“税金及附加”账户

C.贷记“应交税费——应交增值税”账户

D.贷记“主营业务收入”账户

23.年终结转全年实现的净利润，账务处理为（　　）

A.借记“利润分配——未分配利润”账户，贷记“利润分配——应付现金股利”账户

B.借记“利润分配——应付现金股利”账户，贷记“利润分配——未分配利润”账户

C.借记“利润分配——未分配利润”账户，贷记“本年利润”账户

D.借记“本年利润”账户，贷记“利润分配——未分配利润”账户

24.“本年利润”账户贷方余额与“利润分配”账户借方余额的差额，表示企业（　　）

A.期末已分配利润　　B.期末已实现利润　　C.期末未分配利润　　D.期末未弥补亏损

25.“预收账款”账户和“预付账款”账户按用途和结构分类均为（　　）

A.资产账户　　B.负债账户　　C.结算账户　　D.调整账户

26.按经济内容分类，“累计折旧”账户是（　　）

A.备抵账户　　B.附加账户　　C.资产账户　　D.费用账户

27.下列账户，不属于结算账户的是（　　）

A.“银行存款”　　B.“短期借款”　　C.“其他往来”　　D.“预收账款”

28.债权债务结算账户的期末贷方余额表示（　　）

A.企业债权的实际余额　　B.企业债务的实际余额

C.尚未收回的债权净额　　D.尚未偿付的债务净额

29.就债权债务结算账户而言，总分类账户的余额应等于所属明细分类账户的（　　）

A.借方余额之和　　B.借方余额之和与贷方余额之和的合计

C.贷方余额之和　　D.借方余额之和与贷方余额之和的差额

30.若企业不设置“预收账款”账户，而以“应收账款”账户核算应收账款和预收账款的增减变动情况和结果，则“应收账款”账户是一个（　　）

A.债权结算账户　　B.债务结算账户

C.债权债务结算账户　　D.备抵附加调整账户

31.企业可以设置哪个账户来核算其他应收款和其他应付款 (　　)

A.“其他应收款”　　B.“其他应付款”

C.“其他往来”　　D.“应收账款”或“应付账款”

32.下列属于集合分配账户的是 (　　)

A.“制造费用”　　B.“管理费用”　　C.“财务费用”　　D.“销售费用”

33.企业开设和运用跨期摊提账户，是由于采用了 (　　)

A.承包责任制　　B.岗位责任制　　C.收付实现制　　D.权责发生制

34.下列账户，属于成本计算账户的是 (　　)

A.“主营业务成本”　　B.“原材料”　　C.“材料采购”　　D.“材料成本差异”

35.下列账户，属于经营成果账户的是 (　　)

A.“本年利润”　　B.“利润分配”　　C.“营业外收入”　　D.“其他业务收入”

36.调整账户当其余额与被调整账户余额在相同方向时，是 (　　)

A.计价对比账户　　B.备抵附加账户　　C.备抵账户　　D.附加账户

37.按用途和结构分类，“累计折旧”账户和“坏账准备”账户都是 (　　)

A.资产账户　　B.备抵账户　　C.附加账户　　D.费用账户

38.下列调整账户，属于权益备抵账户的是 (　　)

A.“累计折旧”　　B.“坏账准备”　　C.“利润分配”　　D.“材料成本差异”

39.“材料成本差异”账户是下列哪个账户的调整账户 (　　)

A.“原材料”　　B.“材料采购”　　C.“生产成本”　　D.“主营业务成本”

40.按用途和结构分类，“银行存款”账户是 (　　)

A.资产账户　　B.结算账户　　C.盘存账户　　D.计价对比账户

41.按用途和结构分类，“制造费用”账户是 (　　)

A.负债账户　　B.费用账户　　C.调整账户　　D.集合分配账户

42.下列账户，属于计价对比账户的是 (　　)

A.“材料成本差异”　　B.“材料采购”　　C.“原材料”　　D.“本年利润”

43.下列账户，通过设置和运用明细账，可以提供实物和金额两种指标的是 (　　)

A.“库存商品”　　B.“银行存款”　　C.“实收资本”　　D.“库存现金”

44.下列账户，属于备抵附加账户的是 (　　)

A.“其他往来”　　B.“利润分配”　　C.“原材料”　　D.“材料成本差异”

45.集合分配账户的借方记录 (　　)

A.直接费用的发生数　　B.间接费用的发生数

C.期间费用的发生数　　D.间接费用的分配数

46.若企业不设置“预付账款”账户，而以“应付账款”账户核算应付账款和预付账款的增减变动情况和结果，则“应付账款”账户的期末借方余额表示 (　　)

A.预收账款大于应收账款的差额　　B.应收账款大于预收账款的差额

C.预付账款大于应付账款的差额　　D.应付账款大于预付账款的差额

47.借记“其他往来”账户，贷记有关账户，反映的交易或事项可能是 (　　)

A.债权的增加或债务的减少　　B.债权的减少或债务的增加

C.债权的增加和债务的增加　　D.债权的减少和债务的减少

48.当企业设置双重性质账户的“应收账款”账户时，该账户的借方发生额应为企业一定时期内的 (　　)

A.应收账款增加数与预收账款减少数的差额

B.应收账款增加数与预收账款减少数的合计

C.应收账款减少数与预收账款增加数的差额

D.应收账款减少数与预收账款增加数的合计

49.“坏账准备”账户不能离开哪一个账户而独立存在 ( )

A.“应收票据” B.“应收账款” C.“预付账款” D.“应付收款”

50.下列账户，属于调整账户但不属于资产账户的是 ( )

A.“累计折旧” B.“坏账准备” C.“利润分配” D.“材料成本差异”

51.企业在报经批准转销确实无法收回的应收账款时，应 ( )

A.借记“坏账准备”账户，贷记“待处理财产损溢”账户

B.借记“管理费用”账户，贷记“待处理财产损溢”账户

C.借记“坏账准备”账户，贷记“应收账款”账户

D.借记“应收账款”账户，贷记“坏账准备”账户

52.与“利润分配”总账账户年终余额一致的账户是 ( )

A.“利润分配——应付现金股利” B.“利润分配——未分配利润”

C.“利润分配——提取法定盈余公积” D.“本年利润”

四、多项选择题

1.“实收资本”账户贷方登记的内容有 ( )

A.资本公积转增的资本 B.接受捐赠资产的价值

C.股本溢价 D.盈余公积转增的资本

E.企业实际收到的投资人投入的资本

2.企业购进的某项固定资产，其价值应包括 ( )

A.价款 B.运杂费 C.包装费

D.途中保险费 E.增值税

3.材料的实际成本包括 ( )

A.入库前的整理挑选费 B.进项税额 C.运输费和装卸费

D.运输途中合理损耗 E.买价

4.企业购入甲、乙两种材料，发票账单到达企业，甲材料货款及两种材料的进项税额和运杂费当即由银行转账支付，乙材料货款原已按合同规定预付，甲、乙材料同时运到企业验收入库。对该交易的账务处理，涉及的账户有 ( )

A.“材料采购” B.“银行存款”

C.“应交税费——应交增值税” D.“预付账款”

E.“原材料”

5.下列账户中，可能与“生产成本”账户借方对应的有 ( )

A.“原材料” B.“应付职工薪酬” C.“管理费用”

D.“财务费用” E.“制造费用”

6.关于“累计折旧”账户的性质和结构，下列说法中，正确的有 ( )

A.贷方登记当月计提的固定资产折旧数额

B.借方登记因减少旧的固定资产而注销的固定资产已提折旧数额

C.月末贷方余额表示截至本月末累计已提折旧数额

D.它属于负债类账户

E.它属于资产类账户

7.与“材料采购”账户存在着对应关系的账户，可能有 ( )

A.“库存现金” B.“银行存款” C.“应付账款”
D.“预付账款” E.“原材料”

8.对仓库发出材料的交易或事项的账务处理，可能涉及的账户有 （ ）
A.“生产成本” B.“制造费用” C.“管理费用”
D.“应交税费” E.“原材料”

9.与“主营业务收入”账户贷方存在对应关系的账户，可能有 （ ）
A.“应收账款” B.“预收账款” C.“应交税费”
D.“预付账款” E.“银行存款”

10.下列账户中，可能与“本年利润”账户贷方对应的有 （ ）
A.“主营业务收入” B.“主营业务成本” C.“管理费用”
D.“营业外收入” E.“营业外支出”

11.下列账户中，可能与“本年利润”账户借方对应的有 （ ）
A.“销售费用” B.“制造费用” C.“管理费用”
D.“财务费用” E.“利润分配”

12.下列账户中，可能与“利润分配”账户借方对应的有 （ ）
A.“本年利润” B.“应付股利” C.“应付账款”
D.“实收资本” E.“盈余公积”

13.下列账户中，可能与“应交税费”账户存在对应关系的有 （ ）
A.“税金及附加” B.“银行存款” C.“所得税费用”
D.“应付账款” E.“应收账款”

14.存货的构成内容包括 （ ）
A.在途材料 B.库存材料 C.在产品
D.库存商品 E.银行存款

15.下列账户类别，属于按用途和结构分类的有 （ ）
A.资产账户 B.资本积累账户 C.所有者权益账户
D.跨期摊提账户 E.盈亏计算账户

16.关于账户的分类，下列说法中，正确的有 （ ）
A.账户按经济内容分类，就是按账户反映的会计对象的具体内容分类，这是基本的分类；账户按用途和结构的分类是对账户按经济内容分类的必要补充
B.将账户按经济内容分类，可以了解完整的账户体系包括的账户类别及各类账户所核算的会计对象的具体内容
C.将账户按用途和结构分类，可以了解账户能够提供什么核算指标和账户怎样提供各种核算指标
D.账户的用途和结构都直接或间接地依存于经济内容，但账户按经济内容的分类不能代替按用途和结构的分类
E.账户按用途和结构的分类与账户按经济内容的分类可能不完全一致

17.下列账户，属于盘存账户的有 （ ）
A.“库存现金” B.“库存商品” C.“原材料”
D.“固定资产” E.“银行存款”

18.下列账户，属于结算账户的有 （ ）
A.“银行存款” B.“本年利润” C.“长期借款”
D.“短期借款” E.其他往来

19.下列账户，属于债权结算账户的有 （ ）

A.“预收账款” B.“应收账款” C.“预付账款”
D.“应付票据” E.“应收票据”

20.借记有关账户，贷记“其他往来”账户，反映的经济业务可能是 ( )
A.债权的增加 B.债务的增加 C.债权的增加和债务的减少
D.债权的减少 E.债务的减少

21.关于债权债务结算账户的结构，下列说法中，正确的有 ( )
A.借方登记债权的增加额和债务的减少额
B.贷方登记债权的减少额和债务的增加额
C.期末借方余额表示尚未收回的债权净额
D.期末贷方余额表示尚未偿付的债务净额
E.期末同时存在借方余额和贷方余额或无余额

22.下列哪些项目可以合并设置一个账户予以核算 ( )
A.“应收账款” B.“预收账款” C.“应收票据”
D.“其他应收款” E.“应付账款”

23.关于集合分配账户的结构，下列说法中，正确的有 ( )
A.借方登记间接费用的发生数 B.贷方登记间接费用的分配数
C.借方登记期间费用的发生数 D.贷方登记期间费用的分配数
E.一般情况下期末无余额

24.下列账户中，属于成本计算账户的有 ( )
A.“生产成本” B.“制造费用” C.“材料采购”
D.“库存商品” E.“主营业务成本”

25.在按计划成本进行材料日常核算的情况下，“材料采购”账户的结构有 ( )
A.借方登记外购材料的实际采购成本
B.贷方登记转入“原材料”账户借方的验收入库材料的计划成本
C.借方登记转入“材料成本差异”账户贷方的材料的节约差异
D.贷方登记转入“材料成本差异”账户借方的材料的超支差异
E.期末一般无余额，若有借方余额，则为在途材料的实际成本

26.下列账户中，属于备抵调整账户的有 ( )
A.“累计折旧” B.“坏账准备” C.“材料成本差异”
D.“本年利润” E.“利润分配”

27.下列账户中，既属于资产账户，又属于调整账户的有 ( )
A.“利润分配” B.“材料采购” C.“材料成本差异”
D.“坏账准备” E.“累计折旧”

28.关于调整账户，下列说法中，正确的有 ( )
A.调整账户是为了提供经营管理或其他方面所需要的某些特定指标而设置的账户
B.调整账户与被调整账户所反映的经济内容是相同的
C.被调整账户反映会计要素中某项目的原始数字，调整账户反映对同一项目原始数字的调整数字
D.用被调整账户的原始数字加上或减去调整账户的调整数字，即为具有特定含义的被调整账户的实际数字
E.调整账户不能离开被调整账户而独立存在，有被调整账户才会有调整账户

29.“生产成本”账户按不同分类可以同时属于 ( )
A.资产账户 B.成本账户 C.成本计算账户
D.调整账户 E.计价对比账户

30.下列账户中，期末余额可能在借方，也可能在贷方的有（ ）

A.“生产成本” B.其他往来 C.“本年利润”

D.“材料采购” E.“材料成本差异”

31.下列各类账户，一般无期末余额的有（ ）

A.集合分配账户 B.跨期摊配账户 C.成本计算账户

D.收入账户 E.费用账户

32.下列账户中，属于资产备抵账户的有（ ）

A.“应收账款” B.“坏账准备” C.“利润分配”

D.“累计折旧” E.“材料成本差异”

33.“利润分配”账户按不同分类可以同时属于（ ）

A.集合分配账户 B.经营成果账户 C.所有者权益账户

D.结算账户 E.调整账户

34.关于“待处理财产损溢”账户的结构，下列说法中，正确的有（ ）

A.下设“待处理固定资产损溢”和“待处理流动资产损溢”明细账户

B.借方登记发生的盘亏数和批准转销的盘盈数

C.贷方登记发生的盘盈数和批准转销的盘亏数

D.期末借方余额，表示尚待批准处理的财产净损失

E.期末应无余额

35.下列各项中，当出现账实不符时，哪些应记入“待处理财产损溢”账户（ ）

A.库存现金 B.应收账款 C.应付账款

D.原材料 E.固定资产

36.下列账户中，应无期末余额的有（ ）

A.“待处理财产损溢” B.“生产成本” C.“主营业务成本”

D.“制造费用” E.“所得税费用”

37.以下总账账户、明细账户，年终应无余额的有（ ）

A.“利润分配——应付现金股利” B.“利润分配——提取法定盈余公积”

C.“利润分配——未分配利润” D.“利润分配”

E.“本年利润”

38.经批准处理，转销盘亏的实物资产时，可能记入借方的账户有（ ）

A.“管理费用” B.“其他应收款” C.“待处理财产损溢”

D.“财务费用” E.“营业外支出”

五、名词解释

1.生产费用 2.制造费用 3.生产成本 4.盘存账户 5.债权债务结算账户 6.跨期摊配账户 7.备抵账户 8.备抵附加账户

六、简答题

1.试比较“生产成本”账户和“制造费用”账户的用途、结构和性质。

2.简述“本年利润”账户的性质、用途、结构。

3.简述“利润分配”账户的性质、用途、结构。

4.企业应缴纳的增值税、城市维护建设税、所得税应记入哪些账户核算？与此相关的交易或事项及会计分录各有哪些？

5.试述“待处理财产损溢”账户的性质、用途和结构。

6.“材料采购”“原材料”“生产成本”“库存商品”“主营业务成本”“本年利润”账户之间，在发生哪些交易或事项时存在着对应关系？这些交易或事项应编制什么样的会计分录？

7.账户按经济内容分类与按用途和结构分类之间是何关系？

8.什么是账户的用途和结构？账户按用途和结构分为哪几类？

9.什么是结算账户？结算账户分为哪几类？有何特点？

10.简述集合分配账户的用途、结构和特点。

11.简述成本计算账户的用途、结构和特点。

12.什么是计价对比账户？举例说明其结构。

13.什么是调整账户？为什么要设置调整账户？调整账户如何分类？有何特点？

14.作为调整账户，“累计折旧”“坏账准备”“利润分配”“材料成本差异”账户各自是怎样具体地发挥其调整账户的作用的？

七、业务题

习题8-1-7 练习筹集资金和增添固定资产的交易或事项的账务处理

（一）要求

根据资料所列交易或事项编制会计分录。

（二）资料

某企业本月发生以下交易或事项：

（1）国家投资350 000元，款项收到并存入银行；同时收到国家投资一批新设备，价值130 000元，当即投入使用。

（2）收到北方公司投资某项商标权，投资各方确认的价值为250 000元。

（3）收到南方公司投入一台旧设备，原价60 000元，累计已提折旧10 000元，投资各方确认的价值为55 000元，设备当即投入使用。

（4）收到刘万江个人投资的现金512 000元，根据双方投资合同约定，刘万江拥有企业法定资本50 000 000元中1%的股份。

（5）经协商，将应付银材公司的购料款180 000元转作对本企业投资。

（6）按规定程序，将资本公积80 000元转增资本金。

（7）按规定程序，将盈余公积26 000元转增资本金。

（8）从开户银行取得偿还期为半年、年利率为7.2%的一笔借款80 000元，款项存入银行。

（9）以银行存款68 000元购入旧载货汽车一辆，该车原价86 000元，累计已提折旧15 000元。

（10）购入机器一台，价款36 000元、增值税4 680元，发生运杂费1 500元、增值税135元，全部款项由银行转账付讫，该机器当即交付使用。

（11）月末，预提本月负担的短期借款利息。

习题8-2-8 练习材料采购交易或事项的账务处理和材料采购成本的计算

（一）要求

1.根据资料所列交易或事项编制会计分录，列出“材料采购”“原材料”“应交税费”账户的明细账户；

2.根据编制的会计分录登记“材料采购”总账及其明细账（月初无余额），并结账；

3.编制“材料采购成本计算表”。

（二）资料

某企业11月份发生以下交易或事项：

（1）3日，收到润丰公司增值税专用发票，内列：甲材料5吨，单价3 000元/吨，货款15 000元，增值税税率13%，进项税额1 950元，经审核无误，全部款项由银行转账支付；甲材料当即运到并已验收入库。

（2）4日，开出支票付讫昨日购入甲材料的运杂费750元、增值税税率9%，进项税额67.50元。

（3）5日，结转本月3日验收入库的甲材料的实际采购成本。

（4）12日，收到昌泰公司增值税专用发票，内列：乙材料1吨，单价4 000元/吨，货款4 000元，增值税税率13%，进项税额520元，经审核无误，全部款项由银行转账支付；乙材料尚未运到。

（5）15日，本月12日从昌泰公司购入的乙材料运到验收入库，发生运杂费150元，增值税税率9%，进项税额13.50元，以现金付讫。

（6）16日，结转昨日验收入库的乙材料的实际采购成本。

（7）18日，收到本市华康公司乙材料5吨，单价4 000元/吨，货款20 000元，增值税税率13%，进项税额2 600元，发生运杂费750元、增值税税率9%，进项税额67.50元，全部款项原已预付，材料当即验收入库；同时，结转其实际采购成本。

（8）21日，润丰公司发运来甲材料4吨、乙材料3吨，材料验收入库。甲材料的单价3 000元/吨，乙材料的单价4 000元/吨，货款计24 000元，增值税税率13%，进项税额3 120元，共发生运杂费1 050元，增值税税率9%，进项税额94.50元，全部款项尚未支付（运杂费按材料重量比例分配计入甲、乙材料的采购成本，并列出其计算式）。

（9）22日，结转昨日验收入库甲、乙材料的实际采购成本。

（10）23日，预付本市华康公司购料款50 000元，开出转账支票付讫。

（11）25日，以银行存款偿还前欠润丰公司账款29 130元。

（12）26日，从润丰公司购入甲材料6吨，单价3 000元/吨，货款18 000元，增值税税率13%，进项税额2 340元，全部款项由银行转账支付，甲材料尚未运到。

（13）28日，本月26日从润丰公司购入的甲材料运到验收入库，以银行存款支付运杂费900元、增值税税率9%，进项税额81元；当即结转其实际采购成本。

（14）30日，从昌泰公司购入乙材料2吨，单价4 000元/吨，货款8 000元，增值税税率13%，进项税额1 040元，发生运杂费300元、增值税税率9%，进项税额27元。发票账单已到，全部款项由银行转账支付，乙材料尚未运到。

总分类账户

会计科目：　　　　　　　　　　　　　　　　　　　　　　　　单位：

年		凭证		摘　　要	借　方	贷　方	借或贷	余　额
月	日	字	号					

材料采购明细分类账户

二级或明细科目：　　　　　　　　　　　　　　　　　　　　　　单位：

年		凭证		摘　　要	借方			贷方	借或贷	余额
月	日	字	号		买价	运杂费	合计			

二级或明细科目：　　　　　　　　　　　　　　　　　　　　　　　　　　　　　　单位：

年		凭证		摘　要	借方			贷方	借或贷	余额
月	日	字	号		买价	运杂费	合计			

材料采购成本计算表

年　月　　　　　　　　　　　　　　　　　　单位：

材料采购成本项目	甲材料（　吨）		乙材料（　吨）		总成本合计
	总成本	单位成本	总成本	单位成本	
买价					
运杂费					
合计（采购成本）					

习题8-3-9 练习商品生产交易或事项的账务处理

（一）要求

根据资料所列交易或事项编制会计分录，并登记“生产成本”“制造费用”总分类账户（“T”字形）。

（二）资料

某企业本月新投产一种商品，相应发生以下交易或事项：

（1）仓库发出材料一批，其数量及用途为：A材料25 000元，其中，商品生产耗用23 000元，车间一般耗用2 000元；B材料16 000元，其中，商品生产耗用12 000元，车间一般耗用3 000元，企业行政管理部门一般耗用1 000元。

（2）签发现金支票从银行提取现金29 000元，当即发放本月职工工资。

（3）经结算，本月应付职工工资29 000元，按其用途分配为：生产工人工资20 000元，车间管理人员工资4 000元，企业行政管理人员工资5 000元。

（4）以银行存款4 060元购入一批职工福利用品，当即向职工发放，其中：生产工人的2 800元，车间管理人员的560元，厂部管理人员的700元。

（5）由银行转账支付本月电费24 680元（其用途为：商品生产耗用21 500元，车间一般耗用2 000元，企业行政管理部门一般耗用1 180元）及按增值税税率13%计算的进项税额3 208.40元。

（6）计提本月固定资产折旧费4 700元，其中车间固定资产折旧费2 900元，企业行政管理部门固定资产折旧费1 800元。

（7）预提应由本月负担的短期借款利息1 700元。

（8）本月车间、企业行政管理部门对固定资产进行日常维护，发生修理费3 000元，增值税税率13%，进项税额390元，全部款项以银行存款支付。

（9）由银行转账支付本月车间办公用品购置费500元、增值税税率13%，进项税额65元。

（10）本月车间发生零星杂费40元，以现金付讫。

（11）月终将本月发生的制造费用总额转入商品生产成本。

（12）本月生产的商品全部完工，并验收入库，结转其实际生产成本。

制造费用	

生产成本	

习题8-4-10 继续练习商品生产交易或事项的账务处理

（一）要求

1.根据资料编制会计分录（列出“生产成本”“库存商品”账户的明细分类账户）；

2.登记“制造费用”“生产成本”总分类账和“生产成本”明细分类账；

3.编制“完工产品生产成本计算表”。

（二）资料

林城夜郎谷公司6月份发生以下交易或事项：

（1）以现金支付零星杂费100元，其中，属于车间的为20元，属于厂部的为80元。

（2）仓库发出材料一批，计97 200元，其中，生产甲产品耗用73 915元，生产乙产品耗用23 285元。

（3）以银行存款支付本月下列款项：办公用品购置费2 700元，其中，车间为1 780元，厂部为920元；按增值税税率13%计算的进项税额351元。

（4）仓库发出材料一批，计70 200元，其中，生产甲产品耗用40 000元，生产乙产品耗用27 000元，车间一般耗用3 000元，企业行政管理部门一般耗用200元。

（5）签发转账支票支付厂部下半年报刊订阅费540元，增值税税率9%、进项税额48.60元。

（6）签发现金支票从银行提取现金63 800元，以备发放工资。

（7）以现金63 800元支付本月职工工资。

（8）由银行转账支付本月水费1 180元（其中，车间负担650元，厂部负担530元）及按增值税税率9%计算的进项税额106.20元。

（9）月终结算本月应付职工工资63 800元，按用途分配为：甲产品生产工人工资30 000元，乙产品生产工人工资22 000元，车间管理人员工资7 000元，企业行政管理部门管理人员工资4 800元。

（10）购买职工福利用品一批，计8 932元，以转账支票付讫款项。

（11）发放职工福利用品一批，计8 932元，其中，属于甲产品生产工人的4 200元，乙产品生产工人的3 080元，车间管理人员的980元，企业行政管理部门管理人员的672元。

（12）月终计提本月固定资产折旧费2 700元，其中，车间固定资产应提折旧2 170元，厂部固定资产应提折旧530元 。

（13）本月车间、厂部固定资产进行日常修理，发生修理费160元，增值税税率13%、进项税额20.80元，款项以银行存款支付。

（14）月终预提应由本月负担的短期借款利息1 420元。

（15）月终编制“制造费用分配表”，将本月发生的制造费用按生产工人工资比例分配转入甲、乙产品生产成本。

制造费用分配表

年　月　日　　　　单位：

分配对象（产品名称）	分配标准（生产工人工资）	分配率	分配金额
甲产品 乙产品			
合计			

（16）本月新投产的甲产品100件、乙产品50件均全部完工验收入库，计算并结转其实际生产成本。

（17）由银行转账支付本季度短期借款利息4 260元。

总分类账户

会计科目：制造费用　　　　单位：

年		凭证		摘要	借方	贷方	借或贷	余额
月	日	字	号					

会计科目：生产成本　　　　单位：

年		凭证		摘要	借方	贷方	借或贷	余额
月	日	字	号					

生产成本明细分类账户

二级或明细科目：甲产品　　　　单位：

年		凭证		摘　要	借方(成本项目)				贷方	借或贷	余额
月	日	字	号		直接材料费	直接人工费	制造费用	合计			

二级或明细科目：乙产品　　　　单位：

年		凭证		摘　要	借方(成本项目)				贷方	借或贷	余额
月	日	字	号		直接材料费	直接人工费	制造费用	合计			

完工产品生产成本计算表

年　　月　　日　　　　单位：

成本项目	甲产品（　件）		乙产品（　件）		总成本合计
	总成本	单位成本	总成本	单位成本	
直接材料费 直接人工费 制造费用					
合　计					

习题8-5-11 练习商品销售交易或事项的账务处理

（一）要求

根据资料所列交易或事项编制会计分录（列出“应交税费”“库存商品”账户的明细分类账户）。

（二）资料

林城市某企业本月发生以下交易或事项：

（1）以银行存款支付本月销售商品发生的广告费10 000元，增值税税率6%、进项税额600元。

（2）销售A产品60件，单价750元/件，B产品20件，单价500元/件，货款计55 000元，增值税税率13%，销项税额7 150元，全部款项尚未收到。

（3）销售B产品50件，单价500元/件，货款25 000元，增值税税率13%，销项税额3 250元，全部款项已通过银行收讫。

（4）向购货方发运B产品30件，单价500元/件，货款15 000元，增值税 税 率13%，销项税额1 950元，全部款项原已预收。

（5）收到购货方偿还前欠货款60 000元存入银行。

（6）向购货单位预收销货款80 000元存入银行，下月交货。

（7）销售A产品22件，单价750元/件，货款16 500元及按税率13%计算的销项税额2 145元当即收到，并存入银行。

（8）销售产品发生运杂费1 350元，增值税税率9%、进项税额121.50元，以银行存款付讫。

（9）结转本月已销售产品的实际生产成本。A产品单位成本为348.50元，B产品单位成本为234.56元。

（10）按规定计算应交城市维护建设税4 900元，应交教育费附加2 100元。

（11）月终将本月发生的各项收入和费用转入“本年利润’账户。

习题8-6-12 练习期间费用和营业外收支的账务处理

（一）要求

根据资料所列交易或事项编制会计分录。

（二）资料

林城市某企业本月发生以下交易或事项：

（1）采购员刘金平借支差旅费1 500元，现金支票付讫。

（2）以银行存款支付金融机构手续费120元。

（3）仓库发出材料一批，计67 300元，其用途为：产品生产耗用61 000元，车间一般耗用4 300元，厂部一般耗用2 000元。

（4）购买办公用品一批，计5 200元，其中，车间承担2 000元，厂部承担3 200元，增值税税率13%、进项税额676元，价税合计6 084元，以银行存款支付，办公用品当即领用。

（5）以银行存款向灾区捐款15 000元。

（6）以银行存款支付以下款项：本月水费35 000元，其中，产品生产耗用29 000元，车间一般耗用4 000元，厂部一般耗用2 000元；增值税税率9%，进项税额3 150元。

（7）以银行存款支付销售商品发生的广告费用28 960元，增值税税率6%，进项税额1 737.60元。

（8）采购员刘金平报销差旅费1 580元，差额现金付讫。

（9）以现金支付违反合同的罚款1 000元。

（10）以银行存款支付本月厂部电话费1 180元，增值税税率6%，进项税额70.80元。

（11）结算本月职工工资42 500元，其中，生产工人工资30 000元，车间管理人员工资5 000元，厂部管理人员工资7 500元。

（12）以银行存款购买职工福利用品一批，计5 950元。

（13）发放职工福利用品5 950元，其中，属于生产工人的4 200元、车间管理人员的700元、厂部管理人员的1 050元。

（14）没收红星公司逾期未退包装物押金6 000元。

（15）采购员曾治音借支差旅费3 000元，现金支票付讫。

（16）查明白云工厂撤销，经批准转销应付该单位货款800元。

（17）本月车间、厂部机器设备进行日常修理维护，发生修理费2 040元，增值税税率13%，进项税额265.20元，价税合计2 305.20元，以银行存款支付。

（18）月终预提应由本月负担的短期借款利息800元。

（19）月终计提本月固定资产折旧7 820元，其中，车间固定资产折旧4 120元，厂部固定资产折旧3 700元。

（20）接到开户银行通知，企业银行存款利息收入380元已存入银行。

（21）月终，根据以上交易或事项，结转企业本月发生的各项收入和费用。

习题8-7-13 练习财产清查交易或事项的账务处理

（一）要求

根据资料所列交易或事项编制会计分录。

（二）资料

林城市某企业进行财产清查，发生以下交易或事项：

（1）发现盘亏机器一台，账面原值为6 500元，累计已提折旧3 900元。

（2）甲材料账面余额为2 000千克，价值40 000元。经清查盘点，实际库存量为2 025千克。

（3）B产品账面余额为30 000千克，价值30 000元。经清查盘点，实际库存量为27 000千克。

（4）A产品账面余额为6 000件，价值60 000元。经清查盘点，实际库存量为5 000件。

（5）库存现金日记账账面余额为36 985元。经清查盘点，库存现金实存数为36 965元。

（6）经批准转销第1笔业务事项中盘亏的机器净值：由林城市保险公司赔偿1 600元，非常损失1 000元。

（7）经查实，第2笔业务事项中盘盈的甲材料系收发过程中计量发生误差累计所致，经批准冲减管理费用。

（8）经查实，第3笔业务事项中盘亏的B产品，有2 800千克为定额内自然损耗；另200千克系保管不善所致，确定向过失人夏丹索赔。经批准转销盘亏的B产品。

（9）经查实，第4笔业务事项中盘亏的A产品系自然灾害造成的毁损，经批准作如下处理：700件向林城市保险公司索赔，300件损失由企业自行承担。

（10）第5笔业务事项中的现金短款，经批准由出纳人员花凯丰赔偿。

（11）财产清查中查实应付旭东工厂购料款600元，因该工厂已撤销，确实无法支付，经批准予以转销。

习题8-8-14 练习经营成果交易或事项的账务处理

（一）要求

根据资料编制会计分录（列出“利润分配”账户的明细分类账户）。

（二）资料

林城市花溪工厂有关资料如下：

1.资料一：该厂只于年末一次分配净利润；该厂每月按当月利润总额和规定税率计算并结转应交所得税；12月初，该厂“本年利润”账户贷方余额为432 604.25元（即1—11月累计实现的净利润）；“利润分配”账户及其明细分类账户无余额。

2.资料二：该厂12月末全部收入、费用账户结转前的余额为：主营业务收入558 121元（贷方）、主营业务成本465 000元（借方）、销售费用5 000元（借方）、税金及附加27 100元（借方）、管理费用9 500元（借方）、财务费用400元（借方）、营业外收入4 200元（贷方）、营业外支出1 000元（借方）。

3.资料三：该厂12月份发生以下交易或事项：

（1）月终，将各项收入、费用转入“本年利润”账户。

（2）月终，根据本月利润总额54 321元，按照25%的所得税税率计算并结转应交所得税。

（3）年终，按全年净利润473 345元的10%计提法定盈余公积。

（4）年终，按全年净利润的16%计提任意盈余公积。

（5）年终，企业向投资者分配利润250 000元。

（6）年终结转全年实现的净利润。

（7）年终，将“利润分配”账户下其他明细分类账户的期末余额转入“未分配利润”明细分类账户。

（8）由银行转账支付本月应交所得税13 580.25元。

（9）企业向投资者支付利润250 000元，其中22 000元由银行转账支付，30 000元以现金付讫。

习题8-9-15 继续练习商品销售和经营成果交易或事项的账务处理

（一）要求

根据资料所列交易或事项编制会计分录（列出“应交税费”“库存商品”“利润分配”账户的明细分类账户）。

（二）资料

林城夜郎谷公司6月份发生以下交易或事项（第1至17笔业务见习题8-4-10）：

（18）由银行转账支付销售广告费4 000元，增值税税率6%，进项税额240元。

（19）采购员唐桂芳借支差旅费1 000元，以现金支票支付。

（20）销售给AC公司甲产品30件，单价3 200元/件，价款96 000元，增值税税率13%，销项税额12 480元，价税全部收到并已存入银行。

（21）没收CB公司逾期未退包装物押金5 116元。

（22）采购员唐桂芳报销差旅费850元，余款现金收讫。

（23）销售给BS公司甲产品30件，单价3 200元/件，价款96 000元，增值税税率13%，销项税额12 480元，价税款尚未收到。

（24）签发转账支票向敬老院捐款1 118元。

（25）BS公司偿还前欠货款95 000元，款项收到存入银行。

（26）向ES公司发运甲产品18件，单价3 200元/件，价款57 600元，增值税税率13%，销项税额7 488元，价税款已预收。

（27）以银行存款支付产品销售发生的运杂费计500元，增值税税率9%，进项税额45元。

（28）向AE公司预收乙产品货款100 000元存入银行。

（29）经计算，本月应交城市维护建设税9 895.41元，应交教育费附加4 240.89元。

（30）结转本月已售产品的实际生产成本（库存商品无月初余额）。

（31）以银行存款支付金融机构手续费100元。

（32）开出支票支付本月厂部电话费1 510元，增值税税率6%，进项税额90.60元。

（33）接到银行通知，已存入银行存款利息900元。

（34）因ST公司撤销，经批准转销原欠ST公司购料款1 756元。

（35）因AS公司撤销，经批准转销应收AS公司货款3 500元。

（36）月终，将本月发生的各项收入和费用转入“本年利润”账户。

（37）根据本月实现的利润总额，按25%的所得税税率计算并结转本月应交所得税。

（38）以银行存款交纳增值税30 000元。

（39）以银行存款交纳城市维护建设税9 895.41元、教育费附加4 240.89元。

（40）以银行存款交纳所得税25 689元。

第九章

成本计算

一、填空题

1.生产费用按其经济用途分类的项目，称为__________________。它一般有__________________、________________和________________。

2.在商品成本项目中，_______________、_______________等项目属于直接费用，而______________________则属于间接费用。

3.在无月初、月末在产品实际生产成本的情况下，本月生产完工验收入库商品的实际生产成本就是____________________。

4.企业为生产________________________的产品所耗费和支出的______________________的总和，就是这些产品的生产成本。

二、判断题

1.由于企业生产经营的各个阶段都会发生耗费，因此，都存在成本计算的问题。例如，在生产准备过程中应计算各种材料的实际采购成本，在商品生产过程中应计算各种商品的实际生产成本，在商品销售过程中应计算各种商品的销售成本。（　　）

2.成本是对象化的费用，离开了一定的成本计算对象，就谈不上成本计算。（　　）

3.生产成本按其经济用途分类，称为产品成本项目。（　　）

4.生产费用和生产成本是两个不同的概念，前者是企业在一定时期内的产品生产过程中发生的各种耗费和支出的货币表现；后者是企业为生产一定种类、一定数量的产品所耗费和支出的生产费用总和。（　　）

5.一般而言，在无月初、月末库存商品的情况下，本月主营业务成本就是本月完工入库商品的实际生产成本。（　　）

6.企业应将某种商品生产发生的各项生产费用之和在这种商品的完工产品与在产品之间分配，以计算完工产品生产成本和月末在产品生产成本。（　　）

三、单项选择题

1.下列属于会计核算方法的是（　　）

A.平行登记　　B.试算平衡　　C.成本计算　　D.生产成本

2.生产费用按其经济用途分类的项目，称为（　　）

A.成本对象　　B.成本项目　　C.会计科目　　D.生产成本

3.按照一定种类和数量的产品归集的生产费用，即为（　　）

A.生产成本　　B.单位成本　　C.销售成本　　D.成本对象

4.企业在一定时期内为生产产品发生的各种耗费，称为（　　）

A.生产成本　　B.营业成本　　C.制造费用　　D.生产费用

5.以下各项中，应计入产品生产成本的是　　（　　）

A.制造费用　　B.管理费用　　C.直接材料　　D.直接人工

四、多项选择题

1.工业企业的商品成本项目包括　　（　　）

A.直接材料费　　B.直接人工费　　C.财务费用

D.管理费用　　E.制造费用

2.为了计算商品生产成本，企业应设置的主要账户有　　（　　）

A.材料采购　　B.生产成本　　C.制造费用

D.其他业务成本　　E.主营业务成本

3.下列不属于生产费用中的直接费用的有　　（　　）

A.直接材料费　　B.直接人工费　　C.财务费用

D.管理费用　　E.制造费用

4.企业计算产品生产成本所设置的“生产成本”账户，其借方登记的内容包括　　（　　）

A.主营业务成本　　B.其他业务成本　　C.直接材料费

D.直接人工费　　E.制造费用

五、名词解释

1.成本计算对象　　2.成本计算期

六、简答题

1.企业发生的生产费用是怎样计入商品生产成本的？

2.什么是成本计算？产品生产成本计算的一般程序是怎样的？

3.什么是成本项目？制造企业的成本项目有哪些？

七、业务题

习题9-1-16 综合练习企业主要交易或事项的核算和商品生产成本的计算

（一）要求

1.根据资料一，开设相应账户，登记期初余额。

2.根据资料二，编制会计分录（列出应有的明细科目）。

3.根据所编会计分录，登记“材料采购”“库存商品”“生产成本”“制造费用”“本年利润”等总分类账户和“利润分配——未分配利润”明细分类账户、“生产成本”明细分类账户，并结账。

4.根据有关资料，编制“完工产品生产成本计算表”。

（二）资料

1.资料一：林城市益民制药公司202×年12月初部分相关账户资料如下：

（1）月初库存完工待售的B产品1 600件，单位成本35元/件，总成本为56 000元。

（2）“本年利润”账户月初贷方余额1 376 550元（系当年1至11月累计税前利润）。

（3）“利润分配”账户及其所属各明细分类账户月初均无余额（假设林城市益民制药公司于年终一次分配利润）。

2.资料二：林城市益民制药公司202×年12月份发生以下交易或事项：

（1）购入设备一台，设备价款69 000元，增值税税率13%，增值税8 970元；发生运费3 490元，增值税税率9%，进项税额314.10元。全部款项已用银行存款支付。

（2）销售给永康药业公司B产品1 000件，单价72元/件，货款计72 000元，增值税税率13%，销项税额9 360元，价税合计81 360元已预收。

（3）从红星公司购入乙材料5 000千克，单价12元/千克，材料买价60 000元，增值税税率13%，进项税额7 800元；发生运费6 000元，增值税税率9%，进项税额540元。乙材料运到验收入库，全部款项尚未支付；同时结转其实际采购成本。

（4）收到林城市科技公司投资一项专利权，投资合同约定的价值为300 000元。

（5）从佳信公司购入材料一批，增值税专用发票列明：甲材料3 000千克，单价34.90元/千克，计104 700元；乙材料2 000千克，单价12元/千克，计24 000元；材料买价合计128 700元，增值税税率13%，进项税额16 731元。经审核无误，当即由银行转账支付；材料尚未运到。

（6）上述从佳信公司购入的材料运到验收入库，以银行存款支付发生的以下款项：运费12 870元，增值税税率9%，进项税额1 158.30元；运杂费按材料买价比例分配计入甲、乙材料的成本（列出其计算式）；同时结转甲、乙材料的实际采购成本。

（7）仓库根据本月领料单，按材料名称、用量及用途编制的发料凭证汇总表如下：

发料凭证汇总表

计量单位：千克　　202×年12月31日　　金额单位：元

用途	甲材料			乙材料			金额合计
	数量	单价	金额	数量	单价	金额	
1.生产产品耗用	2 400	38.39	92 136	6 700	13.20	88 440	180 576
其中：A产品耗用	2 000	38.39	76 780	2 000	13.20	26 400	103 180
B产品耗用	400	38.39	15 356	4 700	13.20	62 040	77 396
2.车间一般耗用				300	13.20	3 960	3 960
3.厂部一般耗用	100	38.39	3 839				3 839
合计	2 500	38.39	95 975	7 000	13.20	92 400	188 375

（8）收到华星公司投入一台旧设备，原价83 000元，累计已提折旧16 000元，双方确认的价值为68 000元，当即投入使用。

（9）签发现金支票从银行提取现金100 000元，当即发放本月职工工资。

（10）采购员钱泰愚借支差旅费1 000元，以现金支票付讫。

（11）开出转账支票支付以下款项：办公用品购置费2 300元，其中，车间负担800元，厂部负担1 500元；增值税税率13%，进项税额299元。办公用品当即领用。

（12）开出支票支付本月零星杂费520元，其中，车间负担220元，厂部负担300元。

（13）经结算，本月应付职工工资总额100 000元，按用途分配为：生产A产品工人工资23 000元、生产B产品工人工资51 000元、车间管理人员工资10 000元、厂部管理人员工资16 000元。

（14）购入职工福利用品一批，计14 000元，转账支票付讫。

（15）发放职工福利用品14 000元，其中，A产品生产工人3 220元、B产品生产工人7 140元、车间管理人员1 400元、厂部管理人员2 240元。

（16）由银行转账支付本月以下款项：电费66 600元，其中，A产品生产耗用48 600元、B产品生产耗用12 000元、车间一般耗用4 500元、厂部一般耗用1 500元；增值税税率13%，进项税额8 658元。

（17）收到永红药业公司订购B产品的货款80 000元存入银行，下月交货。

（18）在财产清查中发现短缺机器一台，账面原价为24 920元，已提折旧23 500元。

（19）在财产清查中发现库存乙材料盘盈100千克，单价13.20元/千克，计1 320元。

（20）在财产清查中发现库存现金长款100元。

（21）计提本月固定资产折旧费4 970元，其中，车间负担3 570元，厂部负担1 400元。

（22）本月车间、厂部的机器设备进行日常修理维护，发生修理费2 470元，增值税税率13%，进项税额321.10元，价税合计2 791.10元，以银行存款支付。

（23）月终预提应由本月负担的短期借款利息费用900元。

（24）月终，将本月发生的制造费用总额按生产工时比例分配转入A、B产品的生产成本（列出其计算式）。A产品生产工时为8 000小时，B产品生产工时为3 300小时。

（25）本月新投产的5 000件A产品全部完工验收入库，计算并结转其实际生产成本；6 000件B产品尚未完工。

（26）由银行转账支付金融机构手续费160元。

（27）采购员钱泰愚回厂，报销差旅费800元，余额交回现金。

（28）销售给利群药业公司A产品4 920件，单价75元/件，B产品600件，单价72元/件，销售价款计412 200元，增值税税率13%，销项税额53 586元；价税合计465 786元当即通过银行收讫。

（29）经批准，同意以现金支付罚款921元。

（30）以银行存款支付以下款项：销售商品发生的广告费41 159.50元，增值税税率6%，进项税额2 469.57元。

（31）按规定计算本月应交城市维护建设税2 695.35元、教育费附加1 155.15元。

（32）结转本月已销售产品的实际生产成本。

（33）由银行转账支付本季度短期借款利息费用2 700元。

（34）接到开户银行通知，已存入银行存款利息收入250元。

（35）没收明星公司逾期未退包装物押金3 120元。

（36）向希望工程捐款45 500元，以转账支票付讫。

（37）经审批批准，将第（18）笔业务事项中盘亏的机器净值予以转销：转作营业外支出420元，向市保险公司索赔1 000元。

（38）经查明，第（19）笔业务事项中发现的乙材料盘盈属收发过程中计量误差累计所致，经审核批准，冲减本月管理费用。

（39）第20笔业务事项中发现的现金长款难以查明原因，经审批批准，转作营业外收入。

（40）因斯明特公司已撤销，经批准转销应付斯明特公司的购料款380元。

（41）月终结转本月发生的各项收入、费用。

（42）年终，根据全年利润总额，按25%的税率计算并结转应交所得税（假设无纳税调整事项）。

（43）按全年净利润的10%计提法定盈余公积；按全年净利润的18%计提任意盈余公积；决定向投资者分配利润250 000元。

（44）年终结转全年实现的净利润。

（45）年终，将“利润分配”账户下其他明细分类账户的期末余额转入“未分配利润”明细分类账户。

（46）向投资者支付利润250 000元；同时交纳应交增值税38 505元、应交城市维护建设税2 695.35元、应交所得税375 000元和应交教育费附加1 155.15元。全部款项由银行转账付讫。

（47）按规定程序，将资本公积75 000元转增资本。

总　分　类　账　户

材料采购	

库存商品	

生产成本

制造费用

本年利润

利润分配——未分配利润

生产成本明细分类账户

二级或明细科目：A产品　　　　单位：

年		凭证		摘要	借方（成本项目）					贷方	借或贷	余额
月	日	字	号		直接材料费	直接人工费	其他直接费	制造费用	合计			

二级或明细科目：B产品　　　　单位：

年		凭证		摘要	借方（成本项目）					贷方	借或贷	余额
月	日	字	号		直接材料费	直接人工费	其他直接费	制造费用	合计			

完工产品生产成本计算表

年　月　日　　　　　　　　　　金额单位：

成本项目	A产品（　件）	
	总成本	单位成本
直接材料费		
直接人工费		
其他直接费		
制造费用		
合计		

第十章

会计凭证

一、填空题

1.会计凭证按其__________和__________分为原始凭证和记账凭证两大类。

2.原始凭证按其来源不同，分为__________和__________两种。

3.各种原始凭证，一般都是以__________为依据，由经办人员填制并签章。也有一些自制原始凭证是由会计人员根据__________，把某一类经济交易或事项加以归类、整理而重新编制的，这种原始凭证称为记账编制凭证。

4.记账凭证是由__________根据__________填制的。

5.记账凭证按其是否经过汇总，可分为__________和__________。

6.汇总式记账凭证按__________不同，可分为分类汇总记账凭证和全部汇总记账凭证两种。前者如__________、__________和__________；后者如__________。

7.收款凭证的设证科目是__________，付款凭证的设证科目是__________。

8.在填写记账凭证的日期时，收、付款凭证应按__________的日期填写；转账凭证原则上应按__________的日期填写。

二、判断题

1.会计凭证是在交易或事项发生时取得或填制的书面证明。（ ）

2.没有真凭实据就不能任意收付款项和动用财产物资，也不能进行账务处理，这是会计核算必须遵循的一项重要要求和原则。（ ）

3.填制和审核凭证，是会计核算工作的起点，也是会计对企业单位经济活动实施会计监督的重要环节。（ ）

4.会计凭证既是登记账簿的依据，也是编制报表的依据。（ ）

5.会计凭证按其来源不同分为自制原始凭证和外来原始凭证两种。（ ）

6.自制原始凭证是本单位的会计人员在完成某项经济交易或事项时自行填制的原始凭证。（ ）

7.“限额领料单”按其填制手续看是自制原始凭证，按其来源看是累计凭证。（ ）

8.使用累计凭证，可以减少凭证的数量，简化凭证填制手续。（ ）

9.“制造费用分配表”“固定资产折旧计算表”等均是原始凭证。（ ）

10.记账编制凭证不是记账凭证而是原始凭证。（ ）

11.职工因故借支款项时填制的“借款单”或“借条”是付款凭证。（ ）

12.出纳人员办理收、付款项的唯一依据是收款业务、付款业务的原始凭证。（ ）

13.登记库存现金日记账和银行存款日记账的依据是收款凭证、付款凭证。（ ）

14.记账凭证是对所附原始凭证内容的概括和说明。（ ）

15.原始凭证是具有法律效力的证明文件。（ ）

16.审核原始凭证的正确性，就是要审核原始凭证所记载的交易或事项是否合理、合法，是否符

合国家有关政策和制度的规定，有无违法乱纪的行为。（　　）

17.原始凭证和记账凭证的填制，都要符合复式记账的要求。（　　）

18.收款凭证和付款凭证是记账凭证，转账凭证是原始凭证。（　　）

19.转账凭证就是通用记账凭证。（　　）

20.收款凭证、付款凭证、转账凭证以及通用记账凭证都是复式记账凭证。（　　）

21.单式记账凭证是根据单式记账法的要求填制的记账凭证，复式记账凭证是根据复式记账法的要求填制的记账凭证。（　　）

22.不同类型交易或事项的原始凭证不能混同编制一份记账凭证，是为了保持账户对应关系清晰。（　　）

23.在填制记账凭证时，为了保持账户对应关系清晰，只能编制简单分录，不能编制复合分录。（　　）

24.将现金存入银行，应编一张库存现金付款凭证；从银行提取现金，应编一张库存现金收款凭证。（　　）

25.若一笔交易或事项既涉及库存现金（或银行存款）增加或者减少，又有转账业务，应相应地填制库存现金（或银行存款）收款凭证或者付款凭证和转账凭证。（　　）

26.累计凭证是指将一定时期若干份记录同类性质交易或事项的原始凭证汇总编制一张汇总凭证，用以集中反映某项交易或事项总括情况的凭证。（　　）

27.单式记账凭证是用以反映一借一贷会计分录的记账凭证，复式记账凭证则是用以反映一借多贷或多借一贷会计分录的记账凭证。（　　）

28.所有的原始凭证都是以实际发生的交易或事项为依据编制的。（　　）

29.记账凭证可以根据每一份原始凭证单独填制，也可以根据同类交易或事项的许多份原始凭证填制，还可以根据汇总的原始凭证填制。（　　）

30.对于转账业务，可以用加列有会计分录的自制原始凭证或汇总原始凭证来代替记账凭证。（　　）

31.经会计人员签字盖章的所有会计凭证都具备合法性、真实性、正确性。（　　）

32.会计人员审核原始凭证后，如发现经办人员对交易或事项内容或所记金额填写有错误，应采用划线更正法代其更正，然后才能据以填制记账凭证。（　　）

33.会计机构和会计人员审核原始凭证时，对于违反国家财经政策和制度规定的开支，应拒绝付款和报销。（　　）

三、单项选择题

1.会计核算工作的起点是（　　）

A.设置会计科目和账户　　B.复式记账

C.填制和审核凭证　　D.登记账簿

2.会计凭证按其填制程序和用途分为（　　）

A.原始凭证和记账凭证两大类　　B.自制凭证和外来凭证两大类

C.单式凭证和复式凭证两大类　　D.通用记账凭证和专用记账凭证两大类

3.“限额领料单”是一种（　　）

A.转账凭证　　B.一次凭证　　C.累计凭证　　D.汇总原始凭证

4.“发料凭证汇总表”属于（　　）

A.汇总转账凭证　　B.汇总原始凭证　　C.汇总记账凭证　　D.记账凭证汇总表

5.下列各项中，不属于会计凭证的是（　　）

A.发货票　B.银行收款通知　C.转账凭证　D.购销经济合同

6.汇总原始凭证可以在一张汇总凭证上汇总 (　　)

A.同一时期同类性质交易或事项的若干份原始凭证

B.不同时期同类性质交易或事项的若干份原始凭证

C.同一时期两类或两类性质以上交易或事项的若干份原始凭证

D.不同时期两类或两类性质以上交易或事项的若干份原始凭证

7.将自制原始凭证划分为一次凭证、累计凭证、记账编制凭证和汇总原始凭证的依据是凭证的 (　　)

A.填制程序　B.填制手续　C.填制时间　D.取得来源

8.填制记账编制凭证的依据是 (　　)

A.实际发生的交易或事项　B.账簿记录

C.审核无误的原始凭证　D.记账凭证

9.下列原始凭证中，属于记账编制凭证的是 (　　)

A.银行付款通知单　B.发料凭证汇总表

C.制造费用分配表　D.限额领料单

10.采购人员借支差旅费时，所填写的“职工借款单”不是 (　　)

A.会计凭证　B.一次凭证　C.付款凭证　D.自制凭证

11.在会计实务中，经济交易或事项的会计分录是记录在下列哪一项上的 (　　)

A.原始凭证　B.记账凭证　C.总分类账　D.明细分类账

12.收款凭证或付款凭证的“金额”栏合计数表示 (　　)

A.借方科目发生额与贷方科目发生额的合计

B.借方科目发生额与贷方科目发生额的差额

C.贷方科目发生额与借方科目发生额的差额

D.借、贷双方会计科目相同的发生额

13.只登记某项交易或事项应编会计分录中一个会计科目的记账凭证是 (　　)

A.收款凭证　B.单式记账凭证　C.付款凭证　D.复式记账凭证

14.若小写金额为203 004.50元，则其大写金额应为 (　　)

A.贰拾万零万叁仟零佰零拾肆元伍角零分

B.贰拾万零叁仟零零肆元伍角零分

C.贰拾万零叁仟零肆元伍角整

D.贰拾万叁仟肆元伍角整

15.会计机构和会计人员审核原始凭证时，对于记载不准确、不完整，手续不完备，数字有差错的原始凭证，应当 (　　)

A.报告单位领导　B.代有关业务单位或个人补办手续或进行更正

C.扣留原始凭证　D.退还有关业务单位或个人补办手续或进行更正

16.关于转账凭证的填制，下列说法中正确的是 (　　)

A.由出纳人员根据审核无误的收款业务的原始凭证填制

B.由出纳人员根据审核无误的付款业务的原始凭证填制

C.由出纳人员根据审核无误的转账业务的原始凭证填制

D.由会计人员根据审核无误的转账业务的原始凭证填制

17.下列交易或事项，应填制收款凭证的是 (　　)

A.将现金存入银行　B.从银行提取现金

C.销售商品，款收存行　D.销售商品，款已预收

18.对于现金和银行存款相互收付的交易或事项，按规定只填制 （ ）

A.收款凭证 B.付款凭证 C.转账凭证 D.原始凭证

19.通用记账凭证的格式和填制方法与下列哪一项相同 （ ）

A.收款凭证 B.付款凭证 C.转账凭证 D.原始凭证

20.对于某一张记账凭证的填制，下列说法中错误的是 （ ）

A.可以根据汇总原始凭证填制

B.可以根据每一份原始凭证单独填制

C.可以根据不同类型交易或事项的许多份原始凭证汇总填制

D.可以根据相同类型交易或事项的许多份原始凭证填制

21.会计凭证传递的时间是 （ ）

A.从取得或填制原始凭证时起到编制成记账凭证时止

B.从取得或填制会计凭证时起到登记账簿时止

C.从取得或填制会计凭证时起到归档保管时止

D.从取得或填制会计凭证时起到保管期满销毁时止

22.会计凭证用于登账后，其整理、装订和归档存查工作，称为会计凭证的 （ ）

A.保管 B.审核 C.销毁 D.复核

四、多项选择题

1.填制和审核会计凭证，可以 （ ）

A.发挥会计的监督作用，保证会计记录合理合法

B.为编制报表提供依据

C.加强经营管理上的责任制，明确经济责任

D.为登记账簿提供依据

E.及时、正确地反映各项交易或事项的发生或完成情况

2.会计凭证按其填制程序和用途，分为 （ ）

A.累计凭证 B.原始凭证 C.外来凭证

D.一次凭证 E.记账凭证

3.自制原始凭证按其填制手续不同，分为 （ ）

A.外来凭证 B.一次凭证 C.汇总原始凭证

D.累计凭证 E.记账编制凭证

4.“制造费用分配表”同时属于 （ ）

A.记账凭证 B.记账编制凭证 C.自制原始凭证

D.会计凭证 E.一次凭证

5.“限额领料单”同时属于 （ ）

A.会计凭证 B.原始凭证 C.转账凭证

D.自制凭证 E.累计凭证

6.“职工借款单”同时属于 （ ）

A.付款凭证 B.原始凭证 C.会计凭证

D.一次凭证 E.自制凭证

7.“发料凭证汇总表”同时属于 （ ）

A.汇总原始凭证 B.会计凭证 C.自制凭证

D.汇总记账凭证 E.累计凭证

8.下列各项中，属于原始凭证的有 (　　)

A.购销经济合同　　B.生产费用计划　　C.材料请购单

D.工资结算单　　E.制造费用分配表

9.下列各项中，属于汇总原始凭证的有 (　　)

A.收料凭证汇总表　　B.科目汇总表　　C.汇总收款凭证

D.工资结算汇总表　　E.现金收入汇总表

10.下列各项原始凭证中，属于一次凭证的有 (　　)

A.收料单　　B.领料单　　C.发货票

D.限额领料单　　E.收料凭证汇总表

11.记账凭证按其记录的交易或者事项与货币资金有无联系分为 (　　)

A.收款凭证　　B.付款凭证　　C.转账凭证

D.单式凭证　　E.复式凭证

12.下列各项中，属于复式记账凭证的有 (　　)

A.通用记账凭证　　B.收款凭证　　C.付款凭证

D.转账凭证　　E.累计凭证

13.填制原始凭证的基本要求包括 (　　)

A.格式统一　　B.真实可靠　　C.内容完整

D.编制及时　　E.书写清楚

14.出纳人员办理款项的收入和付出，其依据包括 (　　)

A.收款业务的原始凭证

B.付款业务的原始凭证

C.自行填制的私自借款的原始凭证

D.经由会计主管人员或指定人员审核批准的收款凭证

E.经由会计主管人员或指定人员审核批准的付款凭证

15.付款凭证左上角的设证科目，其空格上登记的会计科目可能有 (　　)

A.“应付票据”　　B.“应付账款”　　C.“预收账款”

D.“银行存款”　　E.“库存现金”

16.一般而言，在转账凭证上签名盖章的人员应包括 (　　)

A.会计主管人员　　B.记账人员　　C.审核人员

D.出纳人员　　E.制单人员

17.原始凭证审核的内容主要有 (　　)

A.审核其应借、应贷科目及金额是否正确

B.审核其合法性

C.审核其经济内容与记账凭证内容是否相符

D.审核其正确性

E.审核其完整性

18.若在登账前发现记账凭证填写错误，处理方法有 (　　)

A.用划线更正法更正　　B.用红字更正法更正　　C.用补充登记法更正

D.用刮擦挖补法更正　　E.撕毁重填

19.记账凭证按其包括的会计科目是否单一分为 (　　)

A.通用记账凭证　　B.专用记账凭证　　C.单式记账凭证

D.复式记账凭证　　E.汇总记账凭证

20.下列交易或事项，应填制付款凭证的有　　（　　）

A.从银行取得短期借款，款项存入银行　　B.以银行存款归还到期的短期借款

C.从银行提取现金备用　　D.将多余现金存入银行

E.订阅报刊，支票付讫

21.记账凭证可以不附原始凭证的情况主要有　　（　　）

A.年终结转全年实现的净利润或全年发生的亏损总额时填制的记账凭证

B.期末结转生产完工验收入库商品的实际生产成本时填制的记账凭证

C.期末将收入、费用结转至“本年利润”账户时填制的记账凭证

D.更正错账时填制的记账凭证

E.期末结账时

22.采购员莫川玫出差回来，报销差旅费1 200元，交回剩余现金300元，结清原借支的差旅费用1 500元。该业务事项应编制的记账凭证有　　（　　）

A.现金收款凭证　　B.现金付款凭证　　C.转账凭证

D.银行存款收款凭证　　E.银行存款付款凭证

23.对于现金和银行存款相互收付的交易或事项，编制的记账凭证可能有　　（　　）

A.现金收款凭证　　B.现金付款凭证　　C.转账凭证

D.银行存款收款凭证　　E.银行存款付款凭证

五、名词解释

1.累计凭证　　2.汇总原始凭证　　3.记账编制凭证　　4.单式记账凭证　　5.复式记账凭证　　6.会计凭证传递

六、简答题

1.何为会计凭证？为什么说填制和审核凭证是会计核算工作的起点？填制和审核凭证的意义何在？

2.怎样对会计凭证进行分类？

3.填制原始凭证的基本要求有哪些？

4.何为原始凭证？怎样审核原始凭证？

5.何为记账凭证？怎样审核记账凭证？

七、业务题

习题10-1-17　练习专用记账凭证的使用方法

（一）要求

根据资料所列各项交易或事项编制会计分录，并在每个会计分录左上角的方括号中，按“现金收款凭证”“现金付款凭证”“银行存款收款凭证”“银行存款付款凭证”“转账凭证”的字样，注明应当填制的专用记账凭证。

（二）资料

某企业本月发生的部分交易或事项如下：

（1）采购员李君泽借支差旅费2 000元，以现金支票付讫。

[　　　　]

（2）发生零星杂费900元，其中车间负担500元、厂部负担400元，现金付讫。

[　　　　]

（3）采购员李君泽出差回来，报销差旅费1 800元，余款交回，现金收讫。

[　　　　]

[　　　　]

（4）签发现金支票，从银行提取现金185 000元，拟发放本月工资。

[　　　　]

（5）销售给汇达公司B产品1 000件，单价140元/件，销售价款140 000元；销项税额18 200元。全部款项收到存入银行。

[　　　　]

（6）计提本月固定资产折旧费6 358元，其中，车间负担3 758元，厂部负担2 600元。

[　　　　]

（7）将现金5 000元存入银行。

[　　　　]

第十一章

会计账簿

一、填空题

1.各单位均应设置的特种日记账主要是____________________和__________________。

2.就外表形式而言，库存现金日记账、银行存款日记账必须采用________________；总分类账一般采用_______________；明细分类账常常采用________________或________________。

3.出纳人员登记库存现金日记账，除了依据__________凭证和__________凭证以外，还应依据从银行提取现金时所填制的_________________凭证。

4.出纳人员登记银行存款日记账，除了依据________________凭证和________________凭证以外，还应依据将现金存入银行时所填制的_______________凭证。

5.总分类账的账页格式多为_____________________，也可以采用____________________。

6.登记明细分类账的依据是________________、________________或________________。

7.对账的主要内容是：_______________、_______________和_______________。

8.在实际会计核算工作中，账实核对一般是通过______________的手段进行的。

9.更正错账的方法有：________________、________________和________________。

10.红字更正法分为____________________和_____________________。

11.记账后，若发现记账凭证中科目有误、金额少记所导致的账簿记录错误，应采用__________予以更正，更正时应填写____份记账凭证据以登记入账。

12.财产清查按其对象和范围划分，可分为________________和________________两种；按其清查时间划分，可分为________________和_______________两种。

13.财产清查的准备工作主要包括________________工作和________________工作。

14.对实物资产（财产物资）实存数量的清查，较为常用的方法有_________________________和_________________________等。

15.对库存现金的清查采用___________的方法，对银行存款的清查采用________________的方法。

16.对各种结算往来款项的清查和对委托外单位加工、保管的实物资产的清查，一般都采取__________的方法进行，也就是通过向对方发送对账单，借以与对方______________的方法。

17.反映库存现金清查结果并据以进行账务处理的原始凭证是__________________________，它兼有__________________和_________________的作用。

18.由于常常存在_________________，因此，在一定日期，即使企业和银行双方记账都没有错误，银行存款日记账的余额和银行对账单的余额也往往不一致。

19.“银行存款余额调节表”的编制方法，概括地说是：在企业和银行双方余额的基础上，补记____________________的未达账项，减记_______________________的未达账项。

20.“银行存款余额调节表”中双方调节后的存款余额如果相等，则一般说明_______________。同时，这一数额也是_____________________的数额。

二、判断题

1.通常，设置专用日记账的企业单位一般不再设置通用日记账，设置通用日记账的企业单位一般不再设置专用日记账，以免重复设账、记账。 （ ）

2.账簿按其用途划分，可分为订本账簿、活页账簿、卡片账簿。 （ ）

3.日记账按其记录内容不同，分为库存现金日记账和银行存款日记账两种。 （ ）

4.特种日记账是用来登记全部交易或事项发生情况的日记账，而普通日记账是用来登记某一类交易或事项发生情况的日记账。 （ ）

5.带有统驭性的账簿和比较重要的账簿，如总分类账和日记账，一般采用订本式账簿，而明细分类账则常常采用活页式或卡片式账簿。 （ ）

6.出纳员登记库存现金日记账、银行存款日记账后，应将各种收、付款凭证交由会计人员登记有关总分类账和明细分类账。 （ ）

7.登记库存现金日记账的依据只有现金收款凭证和现金付款凭证两种。 （ ）

8.日记账、总账、明细分类账均可根据审核无误的会计凭证逐日逐笔循序登记。 （ ）

9.日记账既可以根据收款凭证、付款凭证逐日逐笔循序登记，也可以根据收款凭证、付款凭证定期汇总登记。 （ ）

10.库存现金日记账和银行存款日记账一般采用多栏式账页，小部分企业单位也可以采用三栏式账页。 （ ）

11.总分类账的账页格式多为三栏式，也可以采用多栏式。 （ ）

12.总分类账登记的依据和方法主要取决于所采用的账务处理程序，可以直接根据记账凭证逐笔登记，也可以通过一定的汇总方式，先把各种记账凭证汇总编制成科目汇总表或汇总记账凭证，再据以登记。 （ ）

13.明细分类账一般根据原始凭证、汇总原始凭证或记账凭证逐日逐笔循序登记。 （ ）

14.“应交税费——应交增值税”账户的明细分类账需要采用借方和贷方均为多栏的账页格式，而“生产成本”账户的明细分类账采用的是借方多栏的账页格式。 （ ）

15.“材料采购”“原材料”等账户的明细分类账账页格式均为数量金额式。 （ ）

16.如果不是在期末，那么即使在企业因撤销、合并而办理账务交接时，也不能办理结账。 （ ）

17.对账，简单地说，就是账实核对。 （ ）

18.所有的日记账、总分类账和明细分类账，都必须每年更换一次。 （ ）

19.年终结转时，在新旧账簿有关账户之间转记余额，无须编制记账凭证。 （ ）

20.账簿是根据审核无误的记账凭证登记的。 （ ）

21.在会计核算工作中，红色数字表示对蓝色数字的冲销、冲减数或表示负数，因此，在账簿中，只有当改错、冲销账簿记录中的错误数字时，才能使用红色墨水。 （ ）

22.在结账前，对于记账凭证无误的错误账簿记录，可采用划线更正法更正。 （ ）

23.登记账簿必须使用蓝黑墨水钢笔或圆珠笔书写，不许使用铅笔书写。 （ ）

24.结账就是在期末结算、登记每个账户期末余额的工作。 （ ）

25.登记账簿的目的在于为企业提供各种总括核算资料。 （ ）

26.设置和登记账簿既是一项会计核算工作，也是会计核算的一种专门方法。 （ ）

27.全面清查的特点是范围广，参加的部门和人员多；局部清查的特点是范围小、内容少，涉及的人员也少，但专业性较强。 （ ）

28.定期清查的目的在于分清责任，查明情况；不定期清查的目的在于保证会计核算资料的真实性、正确性。 （ ）

29.定期清查和不定期清查都既可以是全面清查，也可以是局部清查。（　）

30.定期清查一般是在年末、半年末、季末或月末结账时进行的。（　）

31.财产清查前的准备工作就是成立财产清查领导小组。（　）

32.采用永续盘存制，平时在实物资产账簿中只登记增加数，不登记减少数，并随时结出账面余额。（　）

33.采用实地盘存制，期末对各项实物资产进行实地盘点的结果是计算、确定本期实物资产减少数的依据。（　）

34.对库存现金、银行存款、原材料、库存商品、固定资产的清查，一般都采用实地盘点的方法。（　）

35.对于大量成堆、难以逐一清点的实物资产，适宜采用技术推算盘点的方法进行清查；对于委托外单位加工、保管的实物资产，一般采用询证核对的方法进行清查。（　）

36.对库存现金进行盘点后，应根据盘点结果填制“库存现金盘存单”，并将其记录的实存数与库存现金日记账记录的账面数进行核对；如果出现账实不符，还应填制“实存账存对比表”，借以确定库存现金盘盈或盘亏的数额。（　）

37.“盘存单”“实存账存对比表”“库存现金盘点报告表”“银行存款余额调节表”都是对财产清查结果进行账务处理的自制原始凭证，“银行存款对账单”是对财产清查结果进行账务处理的外来原始凭证。（　）

38.未达账项是指企业和银行双方之间由于记账时间不一致而产生的一方已入账而另一方尚未入账的款项和双方均未入账的款项。（　）

39.任何一种未达账项的存在，通常都会使企业银行存款日记账的余额与银行存款对账单的余额不符。（　）

40.只有未达账项才会造成同一日期企业银行存款日记账的余额与银行存款对账单的余额不符。（　）

41.企业已收而银行未收款和银行已付而企业未付款的未达账项，会造成银行存款日记账的余额小于银行存款对账单的余额；银行已收而企业未收款和企业已付而银行未付款的未达账项，会造成银行存款对账单的余额小于企业银行存款日记账的余额。（　）

42.如果“银行存款余额调节表”中双方调节后的余额相等，说明企业和银行双方记账相符，因此，应以银行存款对账单和“银行存款余额调节表”作为原始凭证，填制记账凭证，据以登记银行存款日记账，使其余额与银行存款对账单的余额保持一致。（　）

43.“银行存款余额调节表”中双方相等的调节后的存款余额，就是企业当时实际可以动用的银行存款数额。（　）

44.会计凭证是连接会计账簿和财务会计报告的中间环节。（　）

三、单项选择题

1.序时、分类地登记一定时期全部交易或事项的是（　）

A.会计分录　B.会计凭证　C.会计账簿　D.会计报表

2.应将企业以经营租赁方式租进的固定资产登记到（　）

A.序时账簿　B.分类账簿　C.联合账簿　D.备查账簿

3.库存现金日记账和银行存款日记账必须是（　）

A.备查账簿　B.订本账簿　C.活页账簿　D.卡片账簿

4.固定资产明细账适宜采用的形式为（　）

A.订本账簿　B.活页账簿　C.卡片账簿　D.序时账簿

5.带有统驭性的账簿采用的形式一般为 （ ）

A.订本账簿 B.活页账簿 C.卡片账簿 D.多栏账簿

6.“生产成本”“制造费用”账户及收入类、费用类、利润类账户的明细分类账，其账页格式一般应为（ ）

A.两栏式 B.三栏式 C.多栏式 D.数量金额式

7.“原材料”“库存商品”账户的明细分类账账页应为 （ ）

A.两栏式 B.三栏式 C.多栏式 D.数量金额式

8.“应收账款”“应付账款”账户的明细分类账账页应为 （ ）

A.两栏式 B.三栏式 C.四栏式 D.多栏式

9.在按规定把一定时期内所发生的交易或事项全部登记入账的基础上，将每个账户的本期发生额及余额于期末结算出来并登记入账，这项工作称为 （ ）

A.过账 B.对账 C.结账 D.调账

10.年终结账后，不必更换新账的一般是 （ ）

A.总分类账 B.库存现金日记账 C.银行存款日记账 D.部分明细账

11.更正错账时，无须重新填制记账凭证的方法适用于下列哪种错账的更正 （ ）

A.记账凭证中科目无误、金额多记所导致的账簿记录错误

B.记账凭证中科目无误、金额少记所导致的账簿记录错误

C.记账凭证中金额无误、科目有误所导致的账簿记录错误

D.记账凭证无误，只是账簿记录中的科目或金额错误

12.记账后，如果发现记账凭证中科目无误、金额少记所导致的账簿记录错误，应采用的更正方法是 （ ）

A.划线更正法 B.红字更正法 C.补充登记法 D.刮擦挖补法

13.下列账户中，其明细分类账账页格式采用三栏式的是 （ ）

A.原材料 B.材料采购 C.管理费用 D.预付账款

14.下列账簿，在新会计年度开始、启用新账时，可继续使用而不必更换的是 （ ）

A.全部总分类账 B.多栏式库存现金日记账

C.固定资产卡片 D.财务费用明细账

15.日记账按其记录内容的不同分为 （ ）

A.普通日记账和特种日记账 B.库存现金日记账和银行存款日记账

C.普通日记账和日记总账 D.三栏式日记账和多栏式日记账

16.将账簿分为三栏式、数量金额式、多栏式等，其划分的依据是账簿的 （ ）

A.性质 B.用途 C.格式 D.外表形式

17.下列属于财产物资盘存制度（存货盘存制度）的是 （ ）

A.收付实现制 B.经营责任制 C.权责发生制 D.实地盘存制

18.采用永续盘存制，平时在存货账簿中 （ ）

A.既要登记增加数，也要登记减少数 B.既不登记增加数，也不登记减少数

C.只登记增加数，不登记减少数 D.不登记增加数，只登记减少数

19.技术推算盘点法适用于哪种财产的清查 （ ）

A.库存现金 B.固定资产

C.应收账款 D.大量成堆、难以逐一清点的财产物资

20.清查委托外单位加工、保管的材料、商品等实物资产，其方法为 （ ）

A.实地盘点 B.技术推算盘点 C.询证核对 D.实地盘存制

21.下列各项，不属于原始凭证的是 （ ）

A.盘存单
B.银行对账单
C.实存账存对比表
D.库存现金盘点报告表

22.企业实际可以动用的银行存款数额是 ( )

A.银行对账单上的存款余额
B.银行存款日记账上的存款余额
C.银行存款余额调节表上双方相等的调节后的存款余额
D.银行对账单余额与银行存款日记账余额中的最小数额

23.企业年终决算以前，应当 ( )

A.对所有实物进行清查盘点
B.对重要财产进行局部清查
C.对所有财产进行全面清查
D.对流动性较大的财产进行重点清查

24.库存现金日记账的“日清月结”属于 ( )

A.全面清查和不定期清查
B.全面清查和定期清查
C.局部清查和不定期清查
D.局部清查和定期清查

25.单位撤销、合并、迁移或改变隶属关系时的财产清查属于 ( )

A.全面清查和不定期清查
B.全面清查和定期清查
C.局部清查和不定期清查
D.局部清查和定期清查

26.更换出纳人员或仓库保管人员时所进行的财产清查属于 ( )

A.全面清查和不定期清查
B.全面清查和定期清查
C.局部清查和不定期清查
D.局部清查和定期清查

27.实地盘存制的实质是确定存货的 ( )

A.盘盈数
B.盘亏数
C.实存数
D.账面结存数

28.下列财产中，不采用实地盘点法清查的是 ( )

A.库存现金
B.银行存款
C.原材料
D.固定资产

29.在记账凭证上画对钩（“√”），表示 ( )

A.该记账凭证编制正确
B.该记账凭证应当作废
C.该记账凭证已登记入账
D.该记账凭证未登记入账

四、多项选择题

1.下列账簿中，属于按用途分类的有 ( )

A.序时账簿
B.卡片账簿
C.订本账簿
D.分类账簿
E.备查账簿

2.下列账簿中，通常采用订本式账簿的有 ( )

A.总分类账
B.固定资产明细账
C.库存商品明细账
D.日记账
E.带有统驭性和比较重要的账簿

3.登记库存现金日记账的依据和方法包括 ( )

A.转账凭证
B.库存现金的收款凭证和付款凭证
C.定期汇总登记
D.逐日逐笔循序登记
E.从银行提取现金时所填制的银行存款付款凭证

4.下列账户中，其明细分类账格式为多栏式的有 ( )

A.应收账款
B.原材料
C.材料采购
D.管理费用
E.本年利润

5.明细分类账的登记依据包括 ( )

A.原始凭证　　B.汇总原始凭证　　C.收款凭证

D.付款凭证　　E.转账凭证

6.库存现金日记账和银行存款日记账的登记依据包括　　(　　)

A.原始凭证　　B.汇总原始凭证　　C.收款凭证

D.付款凭证　　E.转账凭证

7.企业设置的原材料明细账，可以同时属于　　(　　)

A.备查账簿　　B.订本账簿　　C.数量金额式账簿

D.活页账簿　　E.分类账簿

8.对账的主要内容包括　　(　　)

A.账款核对　　B.账证核对　　C.账账核对

D.账实核对　　E.账表核对

9.每年年终结账后，应当更换新账的一般有　　(　　)

A.固定资产卡片账　　B.管理费用明细账　　C.库存现金日记账

D.银行存款日记账　　E.总分类账

10.关于账簿的登记，下列说法中正确的有　　(　　)

A.必须根据经过审核无误的会计凭证，按账户页次顺序，逐页逐行进行登记

B.每一笔账都要记明日期、凭证号数、摘要、金额

C.必须用蓝黑墨水钢笔而不许用铅笔或圆珠笔记账，红色墨水仅限用于划线和冲账

D.应采用正确的方法更正错账，严禁刮擦、挖补或用药水消除字迹

E.账簿记录要干净整洁，文字数字要清晰规范

11.错账更正的方法有　　(　　)

A.划线更正法　　B.补充登记法　　C.蓝字更正法

D.撕毁重记法　　E.红字更正法

12.下列错账中，应采用红字更正法予以更正的有　　(　　)

A.记账凭证中科目无误、金额多记导致的账簿记录错误

B.记账凭证中科目无误、金额少记导致的账簿记录错误

C.记账凭证中科目有误、金额无误导致的账簿记录错误

D.记账凭证中科目有误、金额少记导致的账簿记录错误

E.记账凭证中科目无误、金额无误，只是账簿记录错误

13.任何会计主体都必须设置和登记的账簿有　　(　　)

A.日记账　　B.总分类账　　C.明细分类账

D.日记总账　　E.备查账

14.更正错账时，需要重新填制记账凭证据以登账的方法有　　(　　)

A.划线更正法　　B.红字全额冲销法　　C.补充登记法

D.蓝字更正法　　E.红字差额冲销法

15.库存现金日记账和银行存款日记账的账页格式可以为　　(　　)

A.订本式　　B.两栏式　　C.三栏式

D.多栏式　　E.数量金额式

16.若记账后发现记账凭证有误导致账簿记录错误，应视具体情况采用　　(　　)

A.划线更正法　　B.红字更正法　　C.补充登记法

D.蓝字更正法　　E.刮擦挖补法

17.下列哪些情况需要进行全面清查　　(　　)

A.年终决算之前　　B.单位撤销、合并、迁移或改变隶属关系时

C.开展清产核资时　　D.中外合资、国内联营时

E.单位主要负责人调离工作岗位时

18.局部清查的特点包括（　　）

A.根据需要确定清查对象和范围

B.清查范围小，内容少

C.清查的主要对象是流动性较大的财产

D.专业性较强

E.涉及的部门、人员较少

19.在下列哪些情况下进行的财产清查是不定期清查（　　）

A.年末、季末或月末结账时　　B.更换出纳员、仓库保管员时

C.发生非常灾害和意外损失时　　D.单位撤销、合并、迁移或改变隶属关系时

E.上级主管、财政、税务、审计和银行等部门对本单位进行会计检查时

20.确定实物资产账面结存数的方法有（　　）

A.经营责任制　　B.权责发生制　　C.永续盘存制

D.收付实现制　　E.实地盘存制

21.下列财产中，适宜采用实地盘点法进行清查的有（　　）

A.库存现金　　B.银行存款　　C.固定资产

D.应收账款　　E.库存商品

22.财产清查的方法包括（　　）

A.询证核对　　B.试算平衡　　C.实地盘点

D.核对账目　　E.技术推算盘点

23.下列各项中，不属于原始凭证的有（　　）

A.盘存单和实存账存对比表　　B.库存现金盘点报告表

C.银行存款余额调节表　　D.银行存款对账单

E.银行存款收账通知和付账通知

24.反映实物资产清查结果并据以进行账务处理的原始凭证包括（　　）

A.实存账存对比表　　B.盘存单

C.银行存款余额调节表　　D.银行存款对账单

E.库存现金盘点报告表

25.未达账项包括（　　）

A.企业已收而银行未收的款项　　B.企业已付而银行未付的款项

C.银行已收而企业未收的款项　　D.银行已付而企业未付的款项

E.企业和银行均未收付的款项

26.银行存款日记账余额小于银行存款对账单余额，可能因为（　　）

A.企业已收而银行未收款　　B.企业已付而银行未付款

C.银行已收而企业未收款　　D.银行已付而企业未付款

E.企业已收且银行也收款

27.下列财产中，不宜采用实地盘点法进行清查的有（　　）

A.大量成堆、难以逐一清点的财产物资　　B.固定资产

C.委托外单位加工、保管的材料、产成品　　D.应收账款

E.银行存款

28.通过财产清查，要求做到（　　）

A.账证相符　　B.账账相符　　C.账物相符

D.账款相符　　E.账表相符

29.财产清查按其清查的时间，可以分为 (　　)

A.按年抽查　　B.按季抽查　　C.随机抽查

D.定期清查　　E.不定期清查

30.财产清查前，企业应取得或准备的表、册、清单有 (　　)

A.银行存款对账单　　B.往来款项对账单　　C.库存现金盘点报告表

D.盘存单和实存账存对比表　　E.银行存款余额调节表

31.“实存账存对比表”是 (　　)

A.记录实物资产盘点结果的书面证明　　B.调整账面记录的原始凭证

C.专门反映实物资产实存数量的原始凭证　　D.财产清查的重要报表

E.分析盈亏原因、明确经济责任的重要依据

32.账实核对的主要内容包括 (　　)

A.库存现金日记账与银行存款日记账账面余额相互核对

B.银行存款日记账账面余额与开户银行账目相互核对

C.库存现金日记账账面余额与库存现金实际库存数相互核对

D.实物资产明细分类账账面余额与实物资产实存数相互核对

E.应收、应付款明细分类账账面余额与有关债务人、债权人的账目相互核对

33.企业发生从银行提取现金的业务事项，应当 (　　)

A.签发现金支票　　B.编制现金收款凭证　　C.编制银行存款付款凭证

D.登记库存现金日记账　　E.登记银行存款日记账

五、名词解释

1.序时账簿　2.特种日记账　3.普通日记账　4.备查账簿　5.对账　6.永续盘存制　7.实地盘存制

六、简答题

1.什么是账簿？设置和登记账簿的意义何在？

2.企业单位已经取得和填制会计凭证，为什么还要设置和登记各种账簿？

3.明细分类账常用的格式有哪几种？各适用于哪些明细账账户？

4.什么是结账？结账工作主要包括哪些内容？

5.账簿登记的主要规则有哪些？

6.错账的更正方法有哪些？各适用于什么错账的更正？如何更正？

7.什么是账账核对？它包括哪些主要内容？

8.何为财产清查？简述其意义。

9.在哪些情况下需要进行全面清查？在哪些情况下需要进行不定期清查？

10.如何进行库存现金的清查？

11.何为未达账项？它有哪几种？如何编制“银行存款余额调节表”？

七、业务题

习题11-1-18 练习错账的更正方法

（一）要求

根据资料所列交易或事项编制会计分录。

（二）资料

林城市永健制药厂本月发生以下交易或事项：

（1）生产车间制造产品领用材料36 000元。原记账凭证中借方科目误为“制造费用”，并据以记账。现予以更正。

（2）预提应由本月负担的短期借款利息405元。原记账凭证中的金额误为450元，并据以记账。现予以更正。

（3）以银行存款预付购料款1 860元。原记账凭证中的金额误为1 680元，并据以记账。现予以更正。

（4）以银行存款支付本季度短期借款利息费用1 215元。原记账凭证中借、贷方金额均误为1 512元，且借方科目误为“财务费用”科目，并据以记账。现予以更正。

（5）购入材料一批，货款56 000元，增值税税率13%，进项税额7 280元，材料当即验收入库，全部款项已于上月预付，计63 280元。原记账凭证误为借记“原材料”科目63 280元，贷记“应付账款”科目63 280元，并据以记账。现予以更正。

（6）结转本月生产完工验收入库产品的实际生产成本98 000元。

（7）结转本月已销售产品的实际生产成本78 000元。

（8）记账后，发现第（6）笔业务中的金额有误，应为89 000元，予以更正。

（9）记账后，发现第（7）笔业务中的金额有误，应为87 000元，予以更正。

习题11-2-19 练习银行存款的清查方法和“银行存款余额调节表”的编制

（一）资料

林城市矿灯厂201×年11月25日后银行存款日记账和银行对账单的记录如下（假设25日前的记录正确无误）：

银行存款日记账的记录

单位：元

日期	摘　　要	金额
25日	开出转账支票（支票号码0567），支付购入材料的货款及进项税额	58 500
26日	开出转账支票（支票号码0568），支付销售产品的广告费及进项税额	16 800
27日	将销售产品所收转账支票存入银行	40 000
28日	开出现金支票（支票号码1688），支付采购人员借支差旅费	1 000
29日	将销售产品所收转账支票存入银行	28 000
29日	开出转账支票（支票号码0569），支付机器设备修理费及进项税额	580
30日	银行存款日记账结存余额	102 600

银行对账单的记录

单位：元

日期	摘　　要	金额
25日	代收黔灵工厂所付包装物租金	490
26日	转账支票（支票号码0567）	58 500
27日	代付市自来水公司水费及进项税额	2 200
27日	转账支票（支票号码0568）	16 800
28日	代付市供电局电费及进项税额	2 122
29日	转账收入	40 000
29日	代收异地永泰公司汇来货款	11 880
30日	银行存款对账单结存余额	84 228

（二）要求

根据资料列示的银行存款日记账记录和银行对账单记录进行逐笔核对，查清未达账项，据以编制以下“银行存款余额调节表”。

银行存款余额调节表

年　月　日

单位：元

项　　目	金　额	项　　目	金　额
银行存款日记账余额		银行对账单余额	
加：银行已收企业未收款项		加：企业已收银行未收款项	
1.		1.	
2.		2.	
减：银行已付企业未付款项		减：企业已付银行未付款项	
1.		1.	
2.		2.	
调节后存款余额		调节后存款余额	

第十二章

财务会计报告

一、填空题

1.从所反映的会计期间长短的不同看，企业财务会计报告包括______________和______________两类。

2.财务报表是对企业______________、______________和______________的结构性表述。

3.______________是总括反映企业一定日期财务状况的报表；______________是总括反映企业一定时期经营成果的报表。

4.我国企业利润表采用______________格式，资产负债表采用______________格式。

5.一般说来，资产负债表中的资产按其______________顺序排列，负债按其______________顺序排列，所有者权益按其______________顺序排列。

6.资产负债表中的各项目，都设有______________和______________两个金额栏。

7.资产负债表中，“应收账款”项目应根据“______________”和“______________”两个总账账户所属明细账账户的______________减去计提的______________后的金额填列。

8.资产负债表中，“预收款项”项目应根据“______________”和“______________”两个总账账户所属明细账账户的______________填列。

9.资产负债表中，“应付账款”项目应根据“______________”和“______________”两个总账账户所属明细账账户的______________填列。

10.资产负债表中，“预付款项”项目应根据“______________”和“______________”两个总账账户所属明细账账户的______________填列。

11.编制会计报表前的准备工作，概括说来，主要是______________、______________和______________。

12.资产负债表中，“存货”项目应根据“______________”、“______________”、“______________”和“______________”等总账账户的______________填列。

二、判断题

1.企业对外会计报表和对内会计报表统称财务会计报告。（　）

2.企业财务会计报告由财务报表、报表附注两部分构成。（　）

3.企业营业利润受营业收入、营业成本、税金及附加、销售费用、管理费用、财务费用和投资收益的影响，不受营业外收支和所得税费用的影响。（　）

4.现金流量表是总括反映企业一定日期现金流量情况的报表。（　）

5.利润表是总括反映企业一定日期经营成果的静态报表。（　）

6.资产负债表是总括反映企业一定时期财务状况的动态报表。（　）

7.资产负债表和利润表的各项目应根据有关账户的期末余额填列。（　）

8.利润表中，净利润的计算分四步进行：第一步计算营业收入；第二步计算营业利润；第三步计

算利润总额；第四步计算净利润。（　　）

9.资产负债表虽然是反映企业一定时点的财务状况的报表，但通过该表前后各期数据的对比分析，可以把握企业财务状况发展的趋势。（　　）

10.资产负债表的格式有报告式和垂直式两种。（　　）

11.无论资产负债表采用什么格式，其资产总额与负债和所有者权益总额都必须相等。这是由会计等式的平衡原理决定的。（　　）

12.由于“预付账款”账户是资产类账户，因而，当其期末余额在借方时，应填入资产负债表中的“应收账款”项目内；当其期末余额在贷方时，应填入资产负债表中的“预收款项”项目内。（　　）

13.财务报表是企业财务会计报告的主体和核心。（　　）

14.资产负债表的“存货”项目反映企业期末的在途材料、库存材料、在产品、库存商品等的实际成本总额，应根据“材料采购”“原材料”“生产成本”“库存商品”等账户的期末借方余额之和填列。（　　）

15.在填列资产负债表的“未分配利润”项目时，如果“本年利润”账户为贷方余额，“利润分配”账户为借方余额，则应将贷方余额减去借方余额的差额填入本项目，差额为正数则以正数填列，差额为负数则以负数填列；如果两个账户均为贷方余额，则应将二者之和以正数填入本项目；如果两个账户均为借方余额，则应将二者之和以负数填入本项目。（　　）

三、单项选择题

1.按其反映的经济内容分类，资产负债表属于（　　）

A.现金流量报表　B.对外报表　C.财务状况报表　D.经营成果报表

2.下列不属于财务报表的是（　　）

A.资产负债表　B.期间费用表　C.利润表　D.现金流量表

3.在资产负债表中，交易性金融资产应当列入（　　）

A.流动资产　B.流动负债　C.非流动资产　D.非流动负债

4.我国企业利润表的格式采用（　　）

A.科目式　B.账户式　C.单步式　D.多步式

5.利润表是总括反映企业（　　）

A.一定日期财务状况的报表　B.一定日期经营成果的报表

C.一定时期财务状况的报表　D.一定时期经营成果的报表

6.资产负债表是总括反映企业（　　）

A.一定日期财务状况的报表　B.某一个月财务状况的报表

C.某一年度财务状况的报表　D.一定时期经营成果的报表

7.反映企业静态信息的财务报表是（　　）

A.资产负债表　B.利润表

C.所有者权益变动表　D.现金流量表

8.以下选项，不属于中期财务会计报告的是（　　）

A.月度财务会计报告　B.季度财务会计报告

C.半年度财务会计报告　D.年度财务会计报告

9.编制资产负债表的理论依据是（　　）

A.账户发生额试算平衡公式　B.账户余额试算平衡公式

C.会计等式　D.扩展的会计等式

10.资产负债表中，根据有关总账账户的期末余额直接填列的项目是（　　）

A.应收账款　　B.货币资金　　C.无形资产　　D.应付票据

11.资产负债表中，根据若干明细账账户的期末余额计算填列的项目是　　(　　)

A.应收票据　　B.应付账款　　C.固定资产　　D.短期借款

12.资产负债表中，根据若干总账账户的期末余额计算填列的项目是　　(　　)

A.应付账款　　B.短期借款　　C.预收款项　　D.未分配利润

13.资产负债表中，根据若干明细账账户的期末余额计算填列的项目是　　(　　)

A.货币资金　　B.存货　　C.实收资本　　D.预付款项

14.资产负债表中，根据有关总账账户的期末余额分析填列的项目是　　(　　)

A.长期借款　　B.货币资金　　C.预收款项　　D.存货

15.以下选项中，影响企业营业利润的是　　(　　)

A.所得税费用　　B.投资收益　　C.营业外收入　　D.营业外支出

16.企业财务会计报告的主体和核心是　　(　　)

A.财务报表　　B.财务计划　　C.财务情况说明书　　D.财务分析报告

17.年度财务会计报告对外提供的期限是年度终了后　　(　　)

A.60天内　　B.6天内　　C.15天内　　D.4个月内

18.我国企业资产负债表的格式采用　　(　　)

A.报告式　　B.账户式　　C.分录式　　D.多步式

19.“应付利息”“应付股利”“其他应付款”账户的期末余额合计数，应当填入资产负债表“期末余额”栏中的哪一个项目　　(　　)

A.应付利息　　B.应付股利　　C.应付账款　　D.其他应付款

20.企业12月份编制的利润表应当是　　(　　)

A.月度利润表　　B.季度利润表　　C.半年度利润表　　D.年度利润表

21.企业月度利润表中的“上期金额”，反映的是各项目　　(　　)

A.上一个月的累计实际发生额　　B.上一个年度的累计实际发生额

C.上年同期的累计实际发生额　　D.本月的累计实际发生额

22.利润表中的“营业成本”是指　　(　　)

A.主营业务成本　　B.主营业务成本与其他业务成本之和

C.生产成本　　D.主营业务成本与其他业务成本之差

四、多项选择题

1.下列各项，属于会计核算方法的有　　(　　　)

A.填制和审核会计凭证　　B.登记会计账簿　　C.编制财务会计报告

D.设置会计科目和复式记账　　E.成本计算

2.企业财务会计报告的服务对象包括　　(　　　)

A.投资者　　B.债权人　　C.企业管理人员

D.社会公众　　E.政府及相关管理部门

3.企业财务会计报告按编报时间分为　　(　　　)

A.年度财务会计报告　　B.半年度财务会计报告　　C.季度财务会计报告

D.月度财务会计报告　　E.旬度财务会计报告

4.一套完整的财务报表至少应当包括　　(　　　)

A.资产负债表　　B.利润表　　C.现金流量表

D.所有者权益变动表　　E.附注

5.中期财务会计报告包括 ( )

A.旬报
B.月报
C.季报
D.半年报
E.年报

6.提供动态信息资料的财务报表有 ( )

A.资产负债表
B.利润表
C.所有者权益变动表
D.试算平衡表
E.现金流量表

7.编制会计报表的基本要求包括 ( )

A.内容完整
B.数字真实
C.计算准确
D.编报及时
E.机动灵活

8.编制会计报表前的准备工作，概括说来，主要是 ( )

A.填制和审核凭证
B.过账
C.期末账项调整
D.对账
E.结账

9.资产负债表可以提供的信息有 ( )

A.流动资产实有情况信息
B.非流动资产实有情况信息
C.流动负债信息
D.非流动负债的信息
E.所有者权益的信息

10.资产负债表中“其他应收款”项目的“期末余额”应根据哪些账户的期末余额计算填列 ( )

A.应收账款
B.坏账准备
C.应收利息
D.应收股利
E.其他应收款

11.下列资产负债表项目中，应根据若干总账账户期末余额计算填列的有 ( )

A.货币资金
B.存货
C.固定资产
D.长期借款
E.未分配利润

12.资产负债表中，“应付账款”项目的期末余额应根据下列哪些总账账户所属明细账账户的期末余额计算填列 ( )

A.应收账款
B.预付账款
C.应付账款
D.预收账款
E.其他应付款

13.以下选项中，不影响企业营业利润的有 ( )

A.投资收益
B.期间费用
C.所得税费用
D.营业外收入
E.营业外支出

14.资产负债表属于 ( )

A.对外财务报表
B.财务状况报表
C.静态报表
D.动态报表
E.经营成果报表

15.利润表属于 ( )

A.对外财务报表
B.现金流量报表
C.经营成果报表
D.静态报表
E.动态报表

16.对外提供的财务会计报告编制完毕，在封面上签名或盖章的人员有 ( )

A.企业法定代表人
B.总会计师或代行总会计师职权的人员
C.出纳人员
D.会计机构负责人或会计主管人员
E.总经济师

17.填列资产负债表中“存货”项目的资料取自 ( )

A.“材料采购”账户期末借方余额

B.“原材料”账户期末借方余额

C.“生产成本”账户期末借方余额

D.“库存商品”账户期末借方余额

E.“主营业务成本”账户期末借方余额

18.填列利润表中“营业成本”项目的资料取自 ( )

A.“其他业务成本”账户 B.“材料采购”账户 C.“生产成本”账户

D.“库存商品”账户 E.“主营业务成本”账户

19.下列资产负债表项目中，其含义与相同名称总账账户期末余额的含义不完全一致的有 ( )

A.应收账款 B.固定资产 C.无形资产

D.应付账款 E.长期借款

20.下列资产负债表项目中，其含义与相同名称总账账户期末余额的含义完全一致的有 ( )

A.应收票据 B.应付票据 C.短期借款

D.长期借款 E.实收资本

21.利润表中的“营业收入”项目应根据哪些账户的发生额分析、计算填列 ( )

A.主营业务收入 B.其他业务收入 C.营业外收入

D.其他综合收益 E.投资收益

五、名词解释

1.财务报表 2.财务报表附注

六、简答题

1.简述企业财务会计报告的组成。

2.何为财务会计报告？简述其作用。

3.简述编制会计报表前的准备工作内容。

4.什么是利润表？其作用何在？

5.什么是资产负债表？其作用何在？

6.简述资产负债表的编制方法。

七、业务题

习题12-1-20 练习利润表的编制方法

（一）资料

林城市神效制药公司2019年1月至6月有关账户资料和上年同期利润表如下：

1.1月至5月累计发生额：主营业务收入1 159 340元、主营业务成本849 110元、销售费用47 680元、税金及附加28 000元、管理费用37 500元、财务费用7 500元（其中：利息费用9 250元、利息收入1 750元）、营业外收入10 000元、投资收益1 570元、营业外支出36 620元、所得税费用41 125元。

2.6月份发生额：主营业务收入250 000元、主营业务成本185 090元、销售费用8 000元、税金及附加4 800元、其他业务收入30 000元、其他业务成本21 000元、管理费用7 000元、财务费用1 600元（其中：利息费用2 030元、利息收入430元）、营业外收入3 000元、营业外支出6 190元、所得税费用12 330元。

3.上年同期利润表为：

利 润 表

编制单位：林城市神效制药公司　　2018年1—6月　　单位：元

项　目	本期金额	上期金额
一、营业收入	1 276 800	1 123 900
减：营业成本	916 810	809 020
税金及附加	22 900	21 870
销售费用	60 000	51 000
管理费用	53 000	49 300
财务费用	18 000	19 100
其中：利息费用	19 680	21 300
利息收入	1 680	2 200
加：投资收益（损失以“－”号填列）	1 200	6 000
二、营业利润（亏损以“－”号填列）	207 290	179 610
加：营业外收入	9 700	30 390
减：营业外支出	12 650	18 340
三、利润总额（亏损总额以“－”号填列）	204 340	191 660
减：所得税费用	51 085	47 915
四、净利润（净亏损以“－”号填列）	153 255	143 745
五、其他综合收益的税后净额		
六、综合收益总额		
七、每股收益		
（一）基本每股收益		
（二）稀释每股收益		

（二）要求：根据以上资料，编制林城市神效制药公司2019年上半年度的利润表。

利 润 表

编制单位：　　年　月　　单位：元

项　目	本期金额	上期金额
一、营业收入		
减：营业成本		
税金及附加		
销售费用		
管理费用		
财务费用		
其中：利息费用		
利息收入		
加：投资收益（损失以“-”号填列）		
二、营业利润（亏损以“-”号填列）		
加：营业外收入		
减：营业外支出		
三、利润总额（亏损总额以“-”号填列）		
减：所得税费用		
四、净利润（净亏损以“-”号填列）		
五、其他综合收益的税后净额		
六、综合收益总额		
七、每股收益		
（一）基本每股收益		
（二）稀释每股收益		

习题12-2-21 练习资产负债表部分项目期末数的计算方法

（一）资料

林城市白云药业公司6月末有关总账账户、明细账账户的余额见下表：

总账账户、明细账账户的余额

单位：元

账户		期末余额		账户		期末余额	
总账	明细账	借方	贷方	总账	明细账	借方	贷方
库存现金		5 600		库存商品		210 000	
银行存款		273 000		固定资产		9 351 600	
应收账款		50 000		累计折旧			1 869 300
	润丰公司	65 000		应付账款			41 500
	华远公司		15 000		长生公司	22 000	
坏账准备			1 000		久隆公司		63 500
预付账款		58 000		预收账款		85 000	
	凤仪公司	78 000			广发公司	85 000	
	格林公司		20 000	本年利润			153 000
材料采购		30 000		利润分配		23 000	
原材料		160 000		生产成本		20 000	

（二）要求

根据以上资料，计算确定林城市白云药业公司6月份资产负债表“期末余额”栏中以下项目的数额：

（1）“货币资金”项目期末数=

（2）“应收账款”项目期末数=

（3）“预付款项”项目期末数=

（4）“存货”项目期末数=

（5）“固定资产”项目期末数=

（6）“应付账款”项目期末数=

（7）“预收款项”项目期末数=

（8）“未分配利润”项目期末数=

第十三章

账务处理程序

一、填空题

1.账务处理程序是指________________、________________和__________________相互结合的方式。

2.在各种账务处理程序中，____________账务处理程序是最基本的一种账务处理程序，__________账务处理程序是运用最为广泛的一种账务处理程序。

3.在记账凭证账务处理程序下，总分类账的登记依据是____________________________，登记方法是________________________。

4.在科目汇总表账务处理程序下，总分类账的登记依据是________________________，登记方法是________________________。

5.在汇总记账凭证账务处理程序下，总分类账的登记依据是____________________；在多栏式日记账账务处理程序下，总分类账的登记依据是____________________和______________________或________________________________。

6.在通用日记账账务处理程序下，总分类账的登记依据是________________________；在日记总账账务处理程序下，日记总账的登记依据是________________________。

7.汇总收款凭证是按____________科目设置，按其对应的____________科目进行归类汇总的；汇总付款凭证和汇总转账凭证则都是按______________科目设置，按其对应的____________科目进行归类汇总的。

8.采用日记总账账务处理程序，会计报表根据______________和______________编制；采用其他各种账务处理程序，会计报表根据______________和______________编制。

二、判断题

1.无论是在会计电算化条件下还是在手工会计核算条件下，会计凭证、会计账簿和会计报表都是组织会计核算的重要工具。 (　　)

2.由于记账凭证账务处理程序是最基本的一种账务处理程序，因此，它适用于一切单位。 (　　)

3.汇总记账凭证账务处理程序的特点是：定期将全部记账凭证汇总编制成记账凭证汇总表，然后根据记账凭证汇总表登记总分类账。 (　　)

4.科目汇总表和汇总记账凭证都是根据记账凭证定期汇总编制的，但二者的格式、汇总方法等均不相同。 (　　)

5.根据科目汇总表和汇总记账凭证登记总分类账，都可以大大减少登记总账的工作量，但科目汇总表能够反映账户的对应关系，而汇总记账凭证则不能反映账户的对应关系。 (　　)

6.编制科目汇总表可以起到登账前的试算平衡作用。 (　　)

7.在多栏式日记账账务处理程序下，总分类账是根据多栏式日记账登记的。 (　　)

8.采用通用日记账账务处理程序，不需要编制记账凭证，也不需要设置反映库存现金、银行存款

的特种日记账。（　　）

9.一般来说，各种账务处理程序的名称取自登记总分类账的依据。（　　）

10.各种账务处理程序的主要区别是登记总分类账的依据和方法不同。（　　）

11.一般说来，在各种账务处理程序下，日记账是根据记账凭证中的收款凭证和付款凭证逐日逐笔登记的；明细账是根据原始凭证、汇总原始凭证、记账凭证逐日逐笔或定期汇总登记的；总账的登记依据和登记方法则取决于采用的账务处理程序。（　　）

12.无论采用何种账务处理程序，其第一步必须是根据所有的原始凭证汇总编制汇总原始凭证。（　　）

13.从方便科目汇总表的编制而言，平时填制记账凭证时，适宜采用单式记账凭证，以便于汇总各总账科目的发生额。（　　）

14.汇总记账凭证必须按月填制，每月填写一次。（　　）

15.科目汇总表只能按月填制，每月填写一次。（　　）

三、单项选择题

1.各种账务处理程序的主要区别是（　　）

A.登记日记账的依据和方法不同　　B.登记明细分类账的依据和方法不同

C.登记总分类账的依据和方法不同　　D.编制会计报表的依据和方法不同

2.最基本的账务处理程序是（　　）

A.记账凭证账务处理程序　　B.记账凭证汇总表账务处理程序

C.日记总账账务处理程序　　D.汇总记账凭证账务处理程序

3.采用科目汇总表账务处理程序，登记总分类账的依据是（　　）

A.记账凭证　　B.科目汇总表　　C.汇总记账凭证　　D.汇总原始凭证

4.采用汇总记账凭证账务处理程序，按照借方科目设置，按其贷方科目进行归类汇总的汇总记账凭证是（　　）

A.记账凭证汇总表　　B.汇总收款凭证　　C.汇总付款凭证　　D.汇总转账凭证

5.在通用日记账账务处理程序下，为了避免会计核算工作重复，可以（　　）

A.不编制会计报表　　B.不登记总分类账　　C.不登记明细分类账　　D.不编制记账凭证

6.在日记总账账务处理程序下，一般不再单独设置（　　）

A.日记账　　B.总分类账　　C.明细分类账　　D.日记总账

7.关于记账凭证账务处理程序的优缺点，下列说法中不正确的是（　　）

A.登记总分类账的工作量较大　　B.其账务处理程序比较简单明了，易于理解

C.其总账记录中的账户对应关系清晰明了　　D.不便于通过总账记录了解交易或事项的动态

8.科目汇总表内的全部借方发生额合计数与全部贷方发生额合计数一定相等，这主要取决于（　　）

A.会计基本等式　　B.借贷记账法的记账规则

C.会计核算规则　　D.会计要素之间的关系

9.科目汇总表的主要缺点是不能反映（　　）

A.各个账户的借方、贷方发生额　　B.部分账户的借方、贷方发生额

C.全部账户的借方、贷方发生额合计　　D.账户的对应关系

10.采用单式记账凭证，主要便于编制（　　）

A.汇总原始凭证　　B.科目汇总表　　C.汇总记账凭证　　D.会计报表

11.编制汇总付款凭证的依据是（　　）

A.收款凭证　　B.付款凭证　　C.原始凭证　　D.汇总原始凭证

12.汇总记账凭证账务处理程序的主要优点是（　　）

A.账务处理程序简单明了，易于理解　　B.能把分类核算和序时核算结合起来

C.能减少编制汇总转账凭证的工作量　　D.能清楚地反映有关科目之间的对应关系

13.汇总记账凭证账务处理程序适用于哪种经济单位（　　）

A.规模大、交易或事项较多　　B.规模小、交易或事项较少

C.规模大、交易或事项较少　　D.规模小、交易或事项较多

14.日记总账账务处理程序的主要特点是（　　）

A.根据原始凭证或汇总原始凭证登记通用日记账

B.根据记账凭证逐笔登记总分类账

C.根据记账凭证逐笔登记日记总账

D.根据日记账逐笔登记总分类账

15.在通用日记账账务处理程序下，以通用日记账代替（　　）

A.原始凭证　　B.记账凭证　　C.总分类账　　D.明细分类账

16.下列账务处理程序，不需要设置特种日记账的是（　　）

A.通用日记账账务处理程序　　B.多栏式日记账账务处理程序

C.日记总账账务处理程序　　D.汇总记账凭证账务处理程序

四、多项选择题

1.账务处理程序的组成内容包括（　　）

A.会计凭证　　B.会计主体　　C.会计账簿

D.会计报表　　E.会计科目

2.账务处理程序应解决的问题包括（　　）

A.规定凭证、账簿、报表的种类和格式

B.规定各种凭证之间、各种账簿之间、各种报表之间的相互关系

C.规定凭证、账簿、报表之间的相互关系

D.规定凭证、账簿、报表的填制程序

E.规定凭证、账簿、报表的填制方法

3.无论采用何种账务处理程序，都应当（　　）

A.填制原始凭证　　B.填制记账凭证　　C.设置特种日记账

D.设置总分类账　　E.编制会计报表

4.下列账务处理程序中，应当填制记账凭证的有（　　）

A.通用日记账账务处理程序　　B.多栏式日记账账务处理程序

C.日记总账账务处理程序　　D.汇总记账凭证账务处理程序

E.科目汇总表账务处理程序

5.无论采用何种账务处理程序，登记日记账的依据包括（　　）

A.收款凭证　　B.汇总收款凭证　　C.转账凭证

D.付款凭证　　E.汇总付款凭证

6.无论采用何种账务处理程序，登记明细分类账的依据包括（　　）

A.原始凭证　　B.汇总原始凭证　　C.收款凭证

D.付款凭证　　E.转账凭证

7.一般说来，编制会计报表的依据有（　　）

A.原始凭证　　B.记账凭证　　C.日记账

D.总分类账　　E.明细分类账

8.关于记账凭证账务处理程序，下列说法中正确的有　　(　　)

A.其特点是直接根据记账凭证，逐日逐笔登记总分类账

B.其账务处理程序简单明了，易于理解

C.其总账记录中的账户对应关系清晰明了

D.登记总分类账的工作量较大

E.一般适用于规模小且交易或事项较少的经济单位

9.关于科目汇总表账务处理程序，下列说法中正确的有　　(　　)

A.其特点是定期根据记账凭证编制科目汇总表，然后据以登记总账

B.能大大减少登记总分类账的工作量

C.科目汇总表能起到总账登记前的试算平衡作用，保证总账登记的正确性

D.科目汇总表及总账的记录均不能反映账户对应关系

E.特别适用于交易或事项较多的经济单位

10.在科目汇总表账务处理程序下，收、付款凭证可用于　　(　　)

A.登记总分类账　　B.登记明细分类账　　C.登记日记账

D.编制会计报表　　E.编制科目汇总表

11.在多栏式日记账账务处理程序下，登记总账的依据包括　　(　　)

A.多栏式库存现金日记账　　B.多栏式银行存款日记账

C.收款凭证　　D.付款凭证

E.转账凭证或转账凭证汇总表

12.在多栏式日记账账务处理程序下，收、付款凭证可用于　　(　　)

A.登记多栏式日记账　　B.登记明细分类账　　C.登记总分类账

D.编制转账凭证汇总表　　E.编制会计报表

13.在汇总记账凭证账务处理程序下，收款凭证可用于　　(　　)

A.登记日记账　　B.登记明细分类账　　C.登记总分类账

D.编制汇总收款凭证　　E.编制汇总付款凭证

14.在汇总记账凭证账务处理程序下，按贷方科目设置，并按与其对应的借方科目进行归类，从而定期汇总编制的汇总记账凭证有　　(　　)

A.汇总收款凭证　　B.汇总付款凭证　　C.汇总转账凭证

D.汇总原始凭证　　E.记账凭证汇总表

15.为便于编制汇总转账凭证，所填制的转账凭证中的会计分录可以为　　(　　)

A.一借一贷　　B.一借多贷　　C.多借一贷

D.二借二贷　　E.多借多贷

16.关于汇总记账凭证账处理程序，下列说法中正确的有　　(　　)

A.其特点是定期根据记账凭证编制汇总记账凭证，然后据以登记总账

B.能大大减少登记总分类账的工作量

C.汇总记账凭证及总账记录均能清晰地反映账户对应关系

D.不利于会计核算工作的分工，且编制汇总转账凭证的工作量较大

E.适用于规模大、交易或事项较多的经济单位

17.在日记总账账务处理程序下，编制会计报表的依据包括　　(　　)

A.会计凭证　　B.日记账　　C.总账

D.日记总账　　E.明细账

18.关于通用日记账账务处理程序，下列说法中正确的有 （ ）

A.不编制记账凭证
B.不设置特种日记账
C.设置通用日记账
D.根据通用日记账逐笔登记总账
E.适用于规模小、交易或事项简单的单位

19.编制科目汇总表的依据包括 （ ）

A.收款凭证
B.付款凭证
C.转账凭证
D.原始凭证
E.汇总原始凭证

20.在汇总记账凭证账务处理程序下，登记总账的依据包括 （ ）

A.汇总原始凭证
B.汇总收款凭证
C.汇总付款凭证
D.汇总转账凭证
E.记账凭证汇总表

21.在不同的账务处理程序下，登记总账的依据包括 （ ）

A.多栏式日记账
B.通用日记账
C.记账凭证
D.汇总记账凭证
E.科目汇总表

22.在下列账务处理程序中，总账采用定期汇总方法登记的有 （ ）

A.通用日记账账务处理程序
B.汇总记账凭证账务处理程序
C.科目汇总表账务处理程序
D.多栏式日记账账务处理程序
E.记账凭证账务处理程序

五、名词解释

1.账务处理程序　2.记账凭证汇总表　3.汇总收款凭证　4.汇总付款凭证　5.汇总转账凭证

六、简答题

1.账务处理程序有哪几种？其各自的主要特点是什么？

2.简述记账凭证账务处理程序的一般程序。

3.简述科目汇总表账务处理程序的一般程序。

4.简述汇总记账凭证账务处理程序的一般程序。

5.简述记账凭证账务处理程序、科目汇总表账务处理程序和汇总记账凭证账务处理程序各自的优缺点及适用范围。

6.简述多栏式日记账账务处理程序的一般程序。

7.简述日记总账账务处理程序的一般程序。

8.简述通用日记账账务处理程序的一般程序。

9.如何编制科目汇总表？

七、业务题

习题13-1-22 练习科目汇总表的编制方法

（一）资料

以习题9-1-16所编制的林城市益民制药公司202×年12月的会计分录代替记账凭证。

（二）要求

根据林城市益民制药公司202×年12月的记账凭证，按月汇总，编制12月的科目汇总表。

科目汇总表

科汇字第　号

编制单位：　　　　　　　　　　　　年　月　日至　日　　　　　　　　　　单位：元

会计科目	借方	贷方	会计科目	借方	贷方
库存现金			承上页		
银行存款			应付股利		
应收票据			其他应付款		
应收账款			实收资本		
其他应收款			资本公积		
材料采购			盈余公积		
原材料			本年利润		
库存商品			利润分配		
固定资产			生产成本		
累计折旧			制造费用		
无形资产			主营业务收入		
待处理财产损溢			营业外收入		
短期借款			主营业务成本		
应付票据			税金及附加		
应付账款			销售费用		
预收账款			管理费用		
应付职工薪酬			财务费用		
应交税费			营业外支出		
应付利息			所得税费用		
合计　转下页			合　计		

第十四章

会计规范

一、填空题

1.我国现行的会计规范大致可以分为________、________、________和___________等类别。

2.我国现行的企业会计准则由_____________、_____________和_____________三个层次构成。

3.我国的会计制度可以分为两种层次：一种是_____________的会计制度；另一种是___________的会计制度。

二、判断题

1.在会计规范体系中，作为会计工作的准绳、依据和总章程的是会计法律。（　）

2.我国现行会计准则可以按其适用范围分为两大体系：一是适用于企业的会计准则，也称营利组织会计准则；二是适用于非企业的准则，也称非营利组织会计准则。（　）

3.《中华人民共和国会计法》规定，国务院财政部门主管全国的会计工作，县级以上地方各级人民政府财政部门管理本行政区域内的会计工作。（　）

4.我国现行的会计制度重点解决会计确认、会计计量问题，兼顾会计报告问题，而会计准则则重点解决会计记录和会计报告问题。（　）

5.在会计规范体系中，会计法律是对会计工作的原则性规定；会计行政法规是指导会计工作、调整经济生活中会计关系的纲领性文件。（　）

6.全面采用会计准则将是我国会计核算工作规范形式努力改革的方向。（　）

三、单项选择题

1.在我国会计规范体系中，最具权威性和约束力的是（　）

A.会计法律　B.会计基础工作规范　C.会计行政法规　D.会计准则

2.在我国，对会计基本假设、会计记账基础、会计信息质量要求、会计要素的定义等问题作出规定的是（　）

A.会计基础工作规范　B.会计法律　C.基本会计准则　D.具体会计准则

3.《中华人民共和国会计法》规定，我国会计工作管理体制的总原则是（　）

A.统一领导，分级管理　B.综合平衡，留有余地

C.积极改革，相对稳定　D.满足需要，简便易行

4.《中华人民共和国会计法》规定，应对本单位的会计工作和会计信息的真实性、完整性负责的会计责任主体是（　）

A.单位总会计师　B.单位会计机构负责人

C.单位会计主管人员　D.单位负责人

5.在我国，制定会计行政法规的机构是（　）

A.全国人大及其常委会　B.国务院

C.财政部　　D.最高人民法院

6.我国现行企业会计准则中，对企业应当设置的会计科目、企业主要的账务处理、会计报表的格式和编制要求等进行具体说明的是　（　）

A.基本准则　B.具体准则　C.应用指南　D.准则解释

7.《中华人民共和国会计法》规定，会计人员伪造、变造会计凭证、会计账簿，编制虚假会计报告，构成犯罪的，依法追究刑事责任，尚不构成犯罪的　（　）

A.十年内不得从事会计工作　　B.五年内不得从事会计工作

C.三年内不得从事会计工作　　D.一年内不得从事会计工作

8.《中华人民共和国会计法》规定，主管全国会计工作的是　（　）

A.全国人民代表大会及其常务委员会　　B.国务院

C.财政部　　D.审计署

9.在我国，制定会计法律的机关是　（　）

A.财政部　　B.最高人民法院

C.国务院　　D.全国人民代表大会及其常务委员会

10.在企业会计准则体系中，起着统御和指导作用的是　（　）

A.基本准则　B.具体准则　C.应用指南　D.会计准则解释

四、多项选择题

1.会计工作组织所要解决的主要问题有　（　　）

A.会计工作岗位责任制的建立　　B.会计规范的制定和贯彻执行

C.企业会计工作组织方式的确定　　D.会计机构的设置

E.会计人员的配备

2.以下选项中，属于会计业务方面的会计规范有　（　　）

A.《中华人民共和国会计法》　　B.《会计专业技术人员继续教育规定》

C.《政府会计准则》　　D.《企业会计准则》

E.《会计人员管理办法》

3.我国现行的会计行政法规主要有　（　　）

A.《中华人民共和国会计法》　　B.《中华人民共和国注册会计师法》

C.《企业财务会计报告条例》　　D.《总会计师条例》

E.《会计基础工作规范》

4.以下各项，属于《中华人民共和国会计法》规定的违法行为的有　（　　）

A.未按照规定填制、取得原始凭证或者填制、取得的原始凭证不符合规定的

B.以未经审核的会计凭证为依据登记会计账簿或者登记会计账簿不符合规定的

C.随意变更会计处理方法的

D.未按照规定使用会计记录文字或者记账本位币的

E.未按照规定保管会计资料，致使会计资料毁损、灭失的

5.从所规范的内容看，我国的会计规范体系主要包括　（　　）

A.对会计教育的规范　　B.对会计人员的规范

C.对会计机构的规范　　D.对会计核算工作的规范

E.对会计监督工作的规范

6.适用我国《小企业会计准则》的“小企业”包括　（　　）

A.资产总额在10 000万元以下（不含10 000万元）的企业

B.从业人员20人及以上，且营业收入300万元及以上的工业企业

C. 营业收入300万元及以上，且资产总额300万元及以上的建筑企业

D. 从业人员5人及以上，且营业收入1 000万元及以上的批发企业

E. 从业人员10人及以上，且营业收入100万元及以上的零售企业

7. 单位内部财务收支审批制度的主要内容包括 (　　)

A. 财务收支审批的人员

B. 财务收支审批人员的审批权限

C. 财务收支审批程序

D. 审核凭证和复核账簿、报表的方法

E. 财务收支审批人员的责任

8. 一般说来，我国现行企业会计准则体系包括 (　　)

A. 基本准则

B. 企业会计准则实施问题专家工作组意见

C. 具体准则

D. 会计准则解释

E. 应用指南

9. 单位内部会计管理体系的主要内容包括 (　　)

A. 单位领导人对会计工作的领导职责

B. 总会计师对会计工作的领导职责

C. 会计部门及会计机构负责人、会计主管人员的职责、权限

D. 会计部门与其他职能部门的关系

E. 会计核算的组织形式

10. 单位内部财务会计分析制度的主要内容包括 (　　)

A. 财务会计分析的主要内容

B. 财务会计分析的基本要求

C. 财务会计分析的组织程序

D. 财务会计分析的具体方法

E. 财务会计分析报告的编写要求

五、名词解释

1. 会计规范　　2. 会计法　　3. 会计准则

六、简答题

1. 我国现行企业会计准则中的基本准则对哪些方面的问题作出了规定？

2. 何为会计规范？我国会计规范体系架构是怎样的？

第十五章

会计机构和会计人员

一、填空题

1.____________________是各单位办理会计事务的职能部门。

2.企业会计工作的组织形式，通常有________________和________________两种。

3.会计机构、会计人员的主要职责是________________和________________。

4.在单位担任会计机构负责人或会计主管人员的会计人员，应当具备________________以上专业技术职务资格等与其岗位相匹配的专业能力或者________________经历。

二、判断题

1.会计人员岗位责任制要求会计人员长期固定在某一岗位工作。（　　）

2.按照“举贤不避亲”的要求，单位领导人的直系亲属可以担任本单位的会计机构负责人、会计主管人员，会计机构负责人、会计主管人员的直系亲属可以在本单位会计机构中担任出纳工作。（　　）

3.企业会计工作的组织方式通常有总分类核算和明细分类核算两种。（　　）

4.会计人员、会计机构的主要职责是进行会计核算和实行内部会计监督。（　　）

5.在会计机构内部建立稽核制度，主要目的之一是对会计凭证的合法性和账簿登记、财务会计报告编制的正确性进行严格的审核。（　　）

6.出纳人员不得兼管稽核、会计档案保管和收入、支出、费用、债权债务账目的登记工作，这是会计机构内部稽核制度的要求。（　　）

7.钱账分管是会计机构内部牵制制度的要求。（　　）

8.总会计师负责组织领导本单位的财务管理、成本管理、预算管理、会计核算和会计监督等方面的工作，参与本单位重要经济问题的分析和决策。（　　）

9.担任总会计师的人员应当符合《中华人民共和国会计法》《总会计师条例》规定的任职条件，具备职业胜任能力。（　　）

10.会计人员既要维护本单位的合法经济利益，又要维护国家的整体利益，因而具有双重身份、双重任务。（　　）

三、单项选择题

1.把整个企业的主要会计核算工作都集中在企业一级的会计部门，这是（　　）

A.总分类核算　　B.明细分类核算

C.集中核算　　D.非集中核算

2.在非集中核算组织方式下，下列会计核算工作必须由企业一级会计部门集中进行办理的是（　　）

A.原始凭证的填制和整理、汇总　　B.某些明细分类核算

C.内部会计报表的编制和分析　　D.总分类核算

3.在会计机构内部，使每一项工作都有专人负责，每个会计人员都有明确的职责，这反映的是 （　　）

A.会计工作岗位责任制的要求　　B.内部牵制制度的要求

C.稽核审查制度的要求　　D.基本会计准则的要求

4.会计人员的职责不包括（　　）

A.拟定本单位办理会计事务的具体办法　　B.进行会计核算

C.实行会计监督　　D.进行经营决策

5.大中型企业应设置总会计师，而在小型企业中，应被指定行使总会计师职权的是 （　　）

A.厂长　　B.副厂长　　C.会计主管人员　　D.会计机构负责人

6.在大中型企业中，领导和组织本企业财务会计工作和经济核算工作的是 （　　）

A.厂长或总经理　　B.高级会计师　　C.注册会计师　　D.总会计师

7.不属于会计人员专业技术职务资格的是 （　　）

A.注册会计师　　B.高级会计师　　C.会计师　　D.助理会计师

8.要求会计人员保守商业秘密，反映了会计人员职业道德规定所要求的内容中的 （　　）

A.守正创新　　B.坚持诚信　　C.坚持学习　　D.坚持准则

9.属于单位行政领导副职的是 （　　）

A.注册会计师　　B.会计机构负责人　　C.总会计师　　D.会计主管

10.我国国家机关、国有企业、事业单位任用会计人员，应当实行 （　　）

A.一贯制度　　B.回避制度　　C.包容制度　　D.领导制度

11.我国会计人员每年参加继续教育取得的学分不应少于 （　　）

A.30学分　　B.60学分　　C.90学分　　D.100学分

12.《中华人民共和国会计法》规定，不单独设置会计机构的单位，应当在有关机构中设置会计人员并指定会计主管人员。这里的“会计主管人员”是指 （　　）

A.主办会计　　B.主管会计　　C.会计主管　　D.会计主管人员

13.会计机构对于会计核算工作进行的自我检查和审核工作是 （　　）

A.内部审计　　B.独立审计　　C.会计稽核　　D.会计核算

四、多项选择题

1.企业会计机构的设置，应视企业规模、业务繁简程度而定，可以 （　　）

A.单独设置

B.与其他机构合并设置

C.不单独设置，但应配备专职会计人员

D.只在内部各业务部门设置

E.不单独设置，但应指定专人负责办理会计工作

2.会计岗位责任制的主要内容包括 （　　）

A.会计人员的岗位设置　　B.各会计工作岗位的人员和具体分工

C.各会计工作岗位的职责和标准　　D.会计工作岗位轮换办法

E.对各会计工作岗位的考核办法

3.《中华人民共和国会计法》规定，出纳人员不得兼管的工作有 （　　）

A.稽核　　B.备查簿的登记

C.库存现金、银行存款日记账的登记　　D.收入、支出、费用、债权债务账目的登记

E.会计档案保管

4.企业会计工作的组织形式通常分为 ( )

A.总分类核算 B.独立核算 C.专业核算和群众核算

D.集中核算 E.非集中核算

5.在非集中核算组织形式下，仍必须由单位会计部门集中进行的工作有 ( )

A.原始凭证的填制和汇总 B.明细分类核算 C.总分类核算

D.编制财务会计报告 E.内部会计报表的编制和分析

6.会计人员的职责包括 ( )

A.进行会计核算 B.实行会计监督

C.参与制订计划，编制预算 D.拟定本单位办理会计事务的具体办法

E.办理其他会计事项

7.按照规定，应当办理会计手续，进行会计核算的经济交易或事项包括 ( )

A.款项和有价证券的收付 B.财物的收发、增减和使用

C.债权债务的发生和结算 D.资本、基金的增减

E.收入、支出、费用、成本、财务成果的计算和处理

8.会计人员有权参与的本单位工作有 ( )

A.制定定额 B.编制计划 C.对外签订经济合同

D.生产、技术、设备管理 E.生产、经营会议和业务会议

9.单位会计人员从事会计工作，应当具备的基本要求包括 ( )

A.遵守《中华人民共和国会计法》和国家统一的会计制度等法律法规

B.具备良好的职业道德

C.按照国家有关规定参加继续教育

D.具备从事会计工作所需要的专业能力

E.具有会计师职称

10.会计人员专业技术职务资格分为 ( )

A.总会计师 B.高级会计师 C.会计师

D.助理会计师 E.正高级会计师

11.我国的国家机关、国有企业、事业单位在任用会计人员时，按照回避制度的要求，需要回避的直系亲属有 ( )

A.夫妻关系 B.直系血亲关系 C.三代以内旁系血亲关系

D.配偶亲关系 E.朋友关系

12.我国会计人员职业道德的内容包括 ( )

A.坚持正义，严守公平 B.坚持诚信，守法奉公

C.坚持准则，守责敬业 D.坚持原则，严守底线

E.坚持学习，守正创新

五、名词解释

1.代理记账 2.会计岗位责任制

六、简答题

1.应当办理会计手续，进行会计核算的经济交易或事项有哪些？

2.什么是会计职业道德？其主要内容有哪些？

第十六章

出纳工作、会计档案管理和会计工作交接

一、填空题

1.按照规定，各单位不准用“白条”顶库，即不准用不合规的凭证顶替______________；不准“公款私存”，即不准将单位收入的库存现金以____________________________存入储蓄；不准保留“小金库”，即不准保留____________________________。

2.按照会计档案管理规定，会计档案的保管期限分为____________和____________两类。

3.收入或付出库存现金的手续办理完毕后，应当在有关原始凭证上加盖“______________”或“____________”印戳。

二、判断题

1.为了保护库存现金安全，防止其丢失、被盗，国家规定，各单位不准利用银行账户代其他单位和个人存入或支取库存现金，但单位之间可以相互借用库存现金。（　　）

2.为了确保出纳人员和库存现金安全，存取库存现金时一般应当由两人以上进行，数额较大时应派专车存取，必要时可要求单位安全保卫机构派员护送。（　　）

3.出纳人员既保管库存现金、管理银行账户和办理银行转账结算的交易或事项，又登记库存现金日记账和银行存款日记账，这是违背“钱账分管”原则的。（　　）

4.支票一旦填写错误，应当予以作废，将其丢失或撕毁。（　　）

5.规模较小、人员较少、交易或者事项较为简单的单位，根据需要可以只配备一名出纳人员，其预留银行印鉴和空白支票由出纳人员一人保管。（　　）

6.出纳人员办理银行转账结算的交易或事项，应当必须严格遵守银行结算办法的规定，不准出租银行账户，但可以根据需要出借银行账户。（　　）

7.会计工作交接完毕后，移交人员对所移交的会计凭证、会计账簿、财务会计报告和其他有关资料的合法性、真实性不再承担法律责任。（　　）

8.会计工作交接完毕后，接管人员应另立新账，不得继续使用原有会计账簿。（　　）

9.企业的会计档案主要就是各种原始凭证。（　　）

10.在办理会计工作交接时，移交人员从事会计电算化工作的，要对有关电子数据在实际操作状态下进行交接。（　　）

三、单项选择题

1.核定库存现金限额时，原则上应当保证各单位日常零星开支所需，对应时间是（　　）

A.1~3天　　B.3~5天　　C.5~7天　　D.7~9天

2.当年形成的会计档案，在会计年度终了后，可暂由会计机构保管（　　）

A.1个月　　B.3个月　　C.6个月　　D.1年

3.按照规定，固定资产报废清理后，其相关固定资产卡片（　　）

A.应当立即销毁　　B.应当永久保存　　C.尚需保存5年　　D.尚需保存10年

4.以下会计档案，应当永久保管的是（　　）

A.日记账　　B.总账

C.月、季度、半年度财务会计报告　　D.年度财务会计报告

5.对于待销毁的档案中尚未了结的债权债务的原始凭证（　　）

A.可以报本单位领导批准后销毁

B.应当永久保存，永远不得销毁

C.可以经单位领导审查，报上级主管单位批准后销毁

D.应单独抽出，另行立卷，保管到结清债权债务时为止

6.各单位不准保留“小金库”指的是（　　）

A.不准保留账外公款

B.不准谎报用途套取库存现金

C.不准用不符合财务制度的凭证顶替库存现金

D.不准将单位收入的库存现金以个人名义存入储蓄

7.国家所规定的各种账簿的归档保管年限，一般都是（　　）

A.30年　　B.20年　　C.10年　　D.50年

8.以下会计档案，无须永久保管的是（　　）

A.年度财务会计报告　　B.会计档案移交清册

C.会计档案保管清册　　D.会计档案销毁清册

9.在办理会计工作交接手续时，对于一般会计人员的交接，负责监交工作的是（　　）

A.注册会计师　　B.单位负责人

C.会计机构负责人　　D.上级主管部门所派人员

10.用不符合财务制度的凭证顶替库存现金，俗称（　　）

A.“公款私存”　　B.保留“小金库”　　C.“白条”顶库　　D.“套取库存现金”

11.保险柜钥匙、密码丢失或者发生故障，出纳人员应当（　　）

A.立即找人配钥匙或修理保险柜　　B.立即自行配钥匙或修理保险柜

C.立即请求会计人员处理　　D.立即报请领导处理

12.办理出纳业务时，对于空白支票、空白收据的保管，必须切实贯彻的原则是（　　）

A.票、印分管　　B.钱、印分管　　C.票、钱分管　　D.钱、物分管

13.办理会计工作交接手续时，对于会计机构负责人、会计主管人员的交接，负责监交工作的是（　　）

A.注册会计师　　B.单位领导人　　C.一般会计人员　　D.财政部门所派人员

14.将单位收入的现金以个人名义存入储蓄机构，俗称（　　）

A.保留“小金库”　　B.“套取库存现金”　　C.“白条”顶库　　D.“公款私存”

15.单位定期对已到保管期限的会计档案进行鉴定，牵头组织鉴定工作的是单位的（　　）

A.档案管理机构或人员　　B.会计机构或人员

C.纪检监察机构或人员　　D.审计机构或人员

四、多项选择题

1.一般说来，出纳工作的主要内容包括（　　）

A.办理收付库存现金的交易或事项　　B.办理银行转账结算的交易或事项

C.保管库存现金和有价证券　　D.保管票据和印鉴

E.对库存现金、银行存款及有价证券等进行明细分类核算

2.按照规定，各单位现金的开支范围包括（　　）

A.职工工资、各种工资性津贴，个人劳动报酬，支付给个人的各种奖金

B.各种劳保、福利费用以及国家规定的对个人的其他现金支出

C.收购单位向个人收购农副产品和其他物资支付的价款

D.出差人员必须随身携带的差旅费

E.结算起点以下的零星支出

3.按照规定，为保护库存现金安全，防止其丢失被盗，各单位（　　）

A.不准用“白条”顶库

B.不准“公款私存”

C.不准保留“小金库”

D.不准谎报用途套取库存现金

E.不准利用银行账户代其他单位和个人存入或支取库存现金

4.银行转账结算使用的票据包括（　　）

A.银行汇票　　B.银行本票　　C.商业汇票

D.支票　　E.托收承付结算凭证

5.单位会计机构使用的印鉴包括（　　）

A.单位财务专用章

B.单位负责人名章

C.会计机构负责人或会计主管人员名章

D.出纳人员名章

E.“现金收讫”“现金付讫”“银行收讫”“银行付讫”章

6.各单位的会计档案一般分为（　　）

A.会计科目和账户类　　B.会计凭证类　　C.会计账簿类

D.财务会计报告类　　E.其他类

7.以下会计档案中，保管期限为30年的是（　　）

A.原始凭证和记账凭证　　B.总账

C.年度财务会计报告　　D.月、季度、半年度财务会计报告

E.银行对账单

8.除会计凭证、会计账簿、财务会计报告以外的其他会计档案包括（　　）

A.会计档案保管清册　　B.会计档案销毁清册

C.会计档案移交清册　　D.银行存款余额调节表

E.银行对账单

9.会计档案的保管期限有多种，包括（　　）

A.10年　　B.20年　　C.30年

D.50年　　E.永久

10.办理会计工作交接手续，当交接完毕时，尚需做的工作包括（　　）

A.交接双方和监交人员要在移交清册上签名或者盖章

B.在移交清册上注明交接双方和监交人员的职务、姓名

C.在移交清册上注明单位名称、交接日期

D.在移交清册上注明移交清册页数

E.在移交清册上注明需要说明的问题和意见

11.出纳人员每一次收付现金时，都应当（　　）

A.先点数再复点

B.与缴款人或领款人当面点清钱款

C.收入现金时，通常应先收款后开具有关收款的票据

D.支出现金时，应当先复核已审核签章的凭证再付款

E.注意对票币的整理、挑剔和鉴别，防止发生差错

12.以下各项，属于会计档案的是 ( )

A.银行存款余额调节表 B.银行对账单 C.其他辅助性账簿

D.会计档案鉴定意见书 E.会计档案销毁清册

13.各单位永久保管的会计档案应当包括 ( )

A.年度财务会计报告 B.会计档案移交清册 C.会计档案保管清册

D.会计档案销毁清册 E.会计档案鉴定意见书

五、名词解释

1.出纳工作 2.会计档案 3.坐支现金

六、简答题

1.出纳人员应当具备哪些基本条件？

2.出纳工作的主要内容有哪些？

第二部分

各章同步检测试题参考答案

第一章

会计概述

一、填空题

1.生产发展　　加强经济管理

2.古代会计　　近代会计　　现代会计

3.卢卡·帕乔利（亦译：卢卡·巴其阿勒）　　近代会计

4.基本会计准则　　具体会计准则

5.反映（或：核算）　　监督

6.提高经济效益　　经济管理

7.货币　　专门核算方法

8.财务　　管理

9.确认　　计量　　记录　　报告

10.监督　　反映（或：核算）

二、判断题

1.×　　2.√　　3.×　　4.×　　5.√

三、单项选择题

1.C　　2.B　　3.D　　4.C　　5.A　　6.C　　7.C　　8.B　　9.C　　10.C　　11.A

四、多项选择题

1.ABCE　　2.CD　　3.ABCDE　　4.ABC　　5.ABCDE　　6.ABCDE　　7.BCD　　8.CD

五、名词解释

1.会计反映职能：也称为会计核算职能，是指会计具有以货币作为主要计量尺度，借助于专门的核算方法，并通过确认、计量、记录和报告等环节，对特定组织（或称特定会计主体）的经济活动进行记录、计算、分类和汇总，为有关各方提供有用会计信息的功能。它是会计的最基本职能，也是全部会计管理工作的基础。

2.会计监督职能：也称为会计控制职能，是指会计具有按照一定的目的和标准，借助会计反映提供的会计信息，通过预测、决策、控制、分析和考评等方法，对特定组织经济活动的合法性、合理性进行督促、控制、干预，使其正常进行的功能。它是会计又一重要的基本职能。

3.会计环境：是指在特定发展阶段会计所赖以生存和发展的各种客观条件及限制性因素，主要是指一定的社会经济环境。社会经济环境对会计产生着广泛而深刻的影响，会计对其所处的社会经济环境具有重要的反作用。

六、简答题

1.简述影响会计生存和发展的环境因素。

影响会计生存和发展的环境因素是多方面和错综复杂的。一般说来，它涉及生产力、生产关系和上层建筑等方面，具体包括政治、法律、经济、科技、教育和文化等因素。政治是经济的集中表现，一个国家的政治体制必然会影响企业所有制结构，进而影响会计的生存和发展；法律是统治阶级意志的体现，会计活动过程必然会受到一个国家会计法律的规范和制约；经济因素包括一个国家的经济管理体制、所有制结构、经济类型与企业组织形式、资本来源、经济发展水平、经济国际化程度等方面，它对会计有着最直接、最广泛的影响。此外，一个国家的科技水平、教育状况以及基于社会普遍认可的价值观和人生观的文化因素等，同样对会计的生存和发展有着重要影响。

2.如何理解会计的含义？

由于会计是随着社会生产的发展和经济管理的需要而不断发展变化的，人们对会计本质属性的理解和认识自然就会受到会计所处的社会政治、经济、科技、教育和文化等环境因素的制约和影响，由此产生对会计本质属性的不同看法，从而形成了“管理活动论”“信息系统论”“控制系统 论”等观点。

“管理活动论”认为，会计是旨在提高经济效益的一种管理活动，是一项经济管理工作。在商品货币经济条件下，会计是以货币计量为基本形式，以凭证为主要依据，运用专门的方法，对特定组织的经济活动进行连续、系统、完整、综合的反映和监督，为有关各方提供有用的会计信息，旨在提高经济效益的一种经济管理活动。简言之，会计是对特定组织的经济活动进行反映和监督的一种经济管理活动。

3.会计有哪些特点？

与业务、统计核算相比，会计在对特定组织经济活动进行反映和监督的过程中表现出以下特点：①会计以货币作为主要计量单位；②会计以凭证作为主要依据；③会计核算要运用一套专门的方法；④会计核算具有完整性、连续性、系统性和综合性。

第二章

会计目标和会计信息质量特征

一、填空题

1.“受托责任说”　　“决策有用说”

2.财务状况　　经营成果　　现金流量

3.横向　　纵向

4.同一　　不同　　不同　　同一

二、判断题

1.×　　2.×　　3.√　　4.√　　5.×　　6.√

三、单项选择题

1.C　　2.B　　3.B　　4.D　　5.B　　6.D　　7.C　　8.A　　9.B

四、多项选择题

1.ADE　　2.ABCD　　3.ABCDE　　4.DE　　5.DE　　6.CDE　　7.ABDE

五、名词解释

1.会计目标：就是在一定的客观经济条件下，会计活动所应达到的境地、目的或标准。会计目标是会计活动中一切矛盾的“焦点”，是会计活动的出发点和归宿，它规定着会计活动的基本方向。

2.可靠性特征：可靠性又称为客观性、真实性，是指企业应当以实际发生的交易或者事项为依据进行会计确认、计量和报告，如实反映符合确认和计量要求的各项会计要素及其他相关信息，保证会计信息真实可靠，内容完整。可靠性既是对会计信息质量的要求，也是对会计核算的总体性要求。

3.有用性特征：有用性亦称为相关性，是指企业提供的会计信息应当与财务会计报告使用者的经济决策需要相关，有助于财务会计报告使用者对企业过去、现在或未来的情况作出评价或者预测。有用性既是对会计信息质量最根本的要求，也是对会计核算的总体性要求，是实现会计目标的重要表现形式。

六、简答题

1.我国《企业会计准则——基本准则》对财务会计报告的目标是如何表述的？

《企业会计准则——基本准则》第四条规定，企业应当编制财务会计报告。财务会计报告的目标是向财务会计报告使用者提供与企业财务状况、经营成果和现金流量等有关的会计信息，反映企业管理层受托责任履行情况，有助于财务会计报告使用者作出经济决策。显然，我国《企业会计准则——基本准则》的规定既强调受托责任的履行，也要求有助于经济决策，反映了“受托责任说”和“决策有用说”两大学派的基本思想。

2.什么是会计信息质量特征？其内容有哪些？分别有什么含义？

会计信息质量特征即会计信息应当具有的质量要求、质量标准，它主要回答的是会计应当提供什么样的会计信息的问题。

我国《企业会计准则——基本准则》概括了8项会计信息质量特征，即可靠性、有用性、明晰性、可比性、实质重于形式、重要性、谨慎性、及时性。

可靠性又称为客观性、真实性，是指企业应当以实际发生的交易或者事项为依据进行会计确认、计量和报告，如实反映符合确认和计量要求的各项会计要素及其他相关信息，保证会计信息真实可靠、内容完整。

有用性亦称为相关性，是指企业提供的会计信息应当与财务会计报告使用者的经济决策需要相关，有助于财务会计报告使用者对企业过去、现在或未来的情况作出评价或者预测。

明晰性又称为可理解性、清晰性，是指企业提供的会计信息应当清晰明了，便于财务会计报告使用者理解和使用。

可比性是指企业提供的会计信息应当具有纵向、横向可比性：同一企业不同时期发生的相同或相似的交易或者事项，应当采用一致的会计政策，不得随意变更，确需变更的，应当在会计报表附注中说明；不同企业发生的相同或相似的交易或者事项，应当采用规定的会计政策，确保会计信息口径一致、相互可比。

实质重于形式是指企业应当按照交易或者事项的经济实质进行会计确认、计量和报告，不应仅以交易或者事项的法律形式为依据。

重要性是指企业提供的会计信息应当反映与企业财务状况、经营成果和现金流量等有关的所有重要交易或者事项。

谨慎性又称为稳健性、审慎性，是指企业对交易或者事项进行会计确认、计量和报告应当保持应有的谨慎，不应高估资产或者收益、低估负债或者费用。

及时性是指企业对于已经发生的交易或者事项，应当及时进行会计确认、计量和报告，不得提前或者延后。

第三章

会计对象和会计要素

一、填空题

1.货币　　经济活动

2.财务状况　　资产负债表　　经营成果（或财务成果）　　利润表

3.债券投资　　股票投资　　基金投资

4.流动负债　　非流动负债

5.所有者投入的资本　　直接计入所有者权益的利得和损失

6.所有者权益　　当期利润

7.商（产）品生产成本　　当期损益

8.营业利润　　营业外收入　　营业外支出

二、判断题

1.√　2.×　3.×　4.×　5.×　6.√　7.×　8.√　9.×　10.×　11.√　12.√　13.√

三、单项选择题

1.A　2.B　3.D　4.A　5.B　6.C　7.D　8.B　9.D　10.C　11.D　12.A　13.D　14.A　15.D　16.B　17.B　18.C　19.B　20.B　21.B　22.C

四、多项选择题

1.ABCD　2.CE　3.ABCD　4.ABCDE　5.ABE　6.BDE　7.ADE　8.CDE　9.ABCD　10.ABC　11.ABCDE　12.ABCD　13.CDE　14.DE　15.AD　16.CDE　17.ABD　18.ABCDE　19.ABE

五、名词解释

1.会计对象：也称为会计客体、会计内容，是指会计在行使反映和监督职能时所面对的客体，也就是会计反映和监督的内容，它回答会计对什么进行反映和监督的问题。会计的一般对象，概括地说就是社会再生产过程中能够以货币表现的经济活动。

2.会计要素：又称为财务报表要素，简言之就是会计对象的构成要素。会计要素是对会计对象最基本的带有规律性的科学分类。它是会计确认、计量、记录和报告的重要依据和基础，是设置会计科目的基本依据，是设计会计报表的基本框架。

3.流动资产：是指可以在一年内或者超过一年的一个营业周期内变现或耗用的资产。按照我国企业会计准则的规定，资产满足下列条件之一的，应当归类为流动资产：一是预计在一个正常营业周期中变现、出售或耗用；二是主要为交易目的而持有；三是预计在自资产负债表日起一年内变现；四是自资产负债表日起一年内，交换其他资产或清偿负债的能力不受限制的现金或现金等价物。企业流动资产主要包括货币资金、交易性金融资产、应收及预付款项、存货等。

4.存货：是企业在日常活动中持有以备出售的产成品或商品、处在生产过程中的在产品、在生产过程或提供劳务过程中耗用的材料和物料等，包括在途材料、库存材料、在产品、库存商品等。

5.实收资本：也称为股本，是指企业的投资者按照企业章程或合同、协议的约定实际投入企业，构成企业所有者权益主体的注册登记的法定资本。

6.资本公积：是指属于投资者共有的、非收益转化形成的资本，它可按规定程序转增资本。资本公积包括资本溢价或股本溢价、其他资本公积等。

7.利得：是指由企业非日常活动所形成的、会导致所有者权益增加的、与所有者投入资本无关的经济利益的流入。利得包括直接计入所有者权益的利得、直接计入当期利润的利得。

8.损失：是指由企业非日常活动所发生的、会导致所有者权益减少的、与向所有者分配利润无关的经济利益的流出。损失包括直接计入所有者权益的损失、直接计入当期利润的损失。

9.留存收益：是企业在历年经营活动中积累留存的净利润，是企业盈余公积和未分配利润的统称。盈余公积是企业按规定从净利润中提取形成的积累资金，它可以用来弥补亏损和按规定程序转增资本；未分配利润是企业实现的净利润扣除已分配利润后留待以后年度进行分配的结存利润。

六、简答题

1.简述资产的定义、特征。

资产是指企业过去的交易或者事项形成的、由企业拥有或者控制的、预期会给企业带来经济利益的资源。

资产具有以下特征：①资产必须是企业过去的交易或者事项形成的资源，预期在未来发生的交易或者事项不形成资产；②资产必须是企业拥有或可以控制的资源，也就是说，资产必须是企业享有其所有权从而能够排他性地从中获得经济利益的资源，或者是虽然并不拥有其所有权但企业能够对其实施控制并从中获得经济利益的资源；③资产必须是预期会给企业带来经济利益的资源，那些已无经济价值、不能给企业带来经济利益的项目（如待处理财产损失等），不能作为资产。

2.简述负债的定义、特征。

负债亦称为债权人权益，是指企业过去的交易或者事项形成的、预期会导致经济利益流出企业的现时义务。

负债通常具有以下主要特征：①负债是由企业过去的交易或者事项形成的，企业将在未来发生的承诺、签订的合同等交易或者事项，不形成企业的负债；②负债是企业承担的现时义务，未来发生的交易或者事项形成的义务不属于现时义务，不应当确认为负债；③负债需要清偿，因而负债预期会导致经济利益流出企业。

3.简述收入的定义、特征。

收入是指企业在日常活动中形成的、会导致所有者权益增加的、与所有者投入资本无关的经济利益的总流入。

收入具有以下特征：①收入是企业在日常活动中形成的经济利益流入，企业从事非日常活动或者从偶发的交易或事项中也能形成企业经济利益的流入，但这属于企业的利得而不是收入；②收入是与所有者投入资本无关的经济利益流入；③由于收入是企业经济利益的流入，因而收入的形成总是伴随着资产的增加，或者负债的减少，或者二者兼而有之；④收入会导致所有者权益增加；⑤收入只包括本企业经济利益的流入，不包括为第三方或客户代收的款项。

4.简述费用的定义、特征。

费用是指企业在日常活动中发生的、会导致所有者权益减少的、与向所有者分配利润无关的经济利益的总流出。

费用具有以下特征：①费用是企业在日常活动中发生的经济利益的流出，企业从事非日常活动或者在偶发的交易或事项中也会发生企业经济利益的流出，但这属于企业的损失而不是费用；②费用是与向所有者分配利润无关的经济利益流出；③由于费用是企业经济利益的流出，因而费用的发生总是伴随着资产的减少，或者负债的增加，或者二者兼而有之；④费用会导致所有者权益减少。

5.企业的净利润是如何计算的？

企业利润总额扣除所得税即为净利润（也称为税后利润），其具体计算分三段（步）进行，用公式表示如下：

营业利润=营业收入-营业成本-税金及附加-销售费用-管理费用-财务费用+投资收益

利润总额=营业利润+营业外收入-营业外支出

净利润=利润总额-所得税费用

第四章

会计假设和会计记账基础

一、填空题

1.该会计主体的投资者　　其他会计主体

2.权责发生制　　收付实现制

3.收付实现制　　权责发生制

二、判断题

1.×　2.×　3.×　4.√　5.×　6.√　7.√　8.×　9.√　10.√

三、单项选择题

1.D　2.B　3.A　4.C　5.B　6.C　7.D　8.A

四、多项选择题

1.ABCE　2.BCD　3.BCDE　4.ABCDE　5.BD　6.ABCD　7.ABC　8.BCE

五、名词解释

1.会计主体假设：是指会计工作总是在某一个特定单位里进行的，会计所反映的是一个特定单位经济活动中的交易和事项。它明确了会计核算工作的空间范围。

2.持续经营假设：是指会计核算应当以会计主体持续、正常的生产经营活动为前提，而不考虑其是否破产、解散和清算，从而使会计核算及其程序建立在非清算的基础上，并保持会计信息处理的一贯性和稳定性。它明确了会计核算工作的时间范围。

3.会计分期假设：是指把会计主体持续不断的生产经营过程分割为若干较短的、等距的、连续的会计期间，以便分期结算会计账目，按期编制财务会计报告。会计分期假设是对持续经营假设的必要补充，是对会计核算工作时间范围的具体划分。

4.货币计量假设：是指会计主体持续不断的生产经营情况都通过价值稳定的货币予以综合反映。它明确了会计核算工作的计量尺度。

六、简答题

1.什么是会计假设？会计假设有哪些？

会计假设也称会计核算的基本前提，是组织会计核算工作、生成会计信息应当明确的前提条件，是人们对会计确认、计量、记录和报告的有关空间、时间范围和计量形式等的前提条件，根据客观的正常情况或发展趋势所作的合乎逻辑的推断或姑且认定，是会计人员不需证明而视为理所当然并加以接受的会计公理。

在我国，企业组织会计核算时应以下列条件为前提：①会计主体，它明确了会计活动的空间范围；②持续经营，它明确了会计活动的时间范围；③会计分期，它是对会计活动时间范围的具体划分；④货币计量，它是对会计核算使用的计量尺度的设定。

2.什么是权责发生制？采用权责发生制，本期的收入、费用是怎样确定的？

权责发生制亦称应收应付制、应计制，是指以收入的权利和支出的义务是否属于本期作为标准，计算本期收入、费用的一种会计记账基础。

权责发生制要求按权利和责任的归属期来确认、计量、记录和报告特定会计主体的收入和费用，也即按款项是否应当收到和付出作为标准来计算本期的收入和费用，而不论本期是否实际收到和付出款项。其主要内容是：凡是本期实现的收入和发生的费用，不论其款项在本期是否实际收到和付出，均作为本期的收入和费用入账；凡不属于本期实现的收入和发生的费用，也不论其款项在本期是否实际收到和付出，均不作为本期的收入和费用入账。

3.什么是收付实现制？采用收付实现制，本期的收入、费用是怎样确定的？

收付实现制也称为实收实付制、现金制，是指以款项是否实际收到和付出作为标准，计算本期收入、费用的一种会计记账基础。

收付实现制是与权责发生制相对应的另一种会计记账基础。与权责发生制不同，收付实现制要求按款项实际收到和付出的会计期间来确认、计量、记录和报告特定会计主体的收入和费用，而不论本期是否应当收到和付出款项。其主要内容是：凡是本期实际收到款项的收入和付出款项的费用，不论其款项在本期是否应当收到和付出，均作为本期的收入和费用入账；凡是本期没有实际收到和付出款项的，也不论其款项在本期是否应当收到和付出，均不作为本期的收入和费用入账。

第五章

会计程序和会计方法

一、填空题

1.定义　特征

2.计量尺度　计量属性

3.填制和审核会计凭证　登记会计账簿　编制财务会计报告

二、判断题

1.√　2.×　3.√　4.√　5.×　6.√　7.√

三、单项选择题

1.C　2.B　3.B　4.C　5.C

四、多项选择题

1.ABCD　2.CE　3.ABCDE　4.BCE　5.ACE　6.ABCD

五、名词解释

1.会计确认：是指依据一定的标准和条件进行筛选、辨认，以确定企业生产经营活动引发的各项经济交易或者事项涉及的项目是否能够和何时进入会计处理过程的工作。会计确认实际上是会计要素的确认。

2.会计计量：就是选择运用一定的计量尺度和计量基础对已确认的会计要素项目进行定量反映，使之转化为会计信息的工作。会计计量在会计核算中处于核心地位，贯穿于整个会计核算过程。

3.会计记录：是指按照一定的账务处理要求，将经过确认、计量的会计要素项目的名称、金额等登记在记账载体上，以便对会计信息进行加工处理，最终获得所需会计信息的工作。

4.会计报告：是指以恰当的方式汇总日常会计确认、计量和记录所得到的会计信息，并提供给财务会计报告使用者的工作，简言之，就是编制和报送财务会计报告的工作。

5.会计循环：是指在一个会计期间依次连续运用各种会计核算方法的过程。一个会计循环包括三个主要环节：填制和审核会计凭证、登记会计账簿、编制财务会计报告。

六、简答题

1.资产应当如何确认？

就资产的确认而言，将一项资源确认为资产，必须符合资产的定义和特征，即资产必须是企业过去的交易或者事项形成的、由企业拥有或者控制的、预期会给企业带来经济利益的资源。

此外，资产的确认还必须同时满足两个条件：首先，与该资源有关的经济利益很可能流入企业；其次，该资源的成本或者价值能够可靠地计量。

2.会计核算有哪些专门方法？它们之间的关系是怎样的？

会计核算方法是指为了实现会计目标，遵循会计信息质量特征的基本要求，在对会计主体的经济活动（具体化为各项会计要素）予以完整、连续、系统地确认、计量、记录和报告的过程中所应用的各种专门手段。

会计核算方法主要包括：①设置会计科目；②复式记账；③填制和审核会计凭证；④登记账簿；⑤成本计算；

⑥编制财务会计报告。[①]

以上各种会计核算方法相互联系、密切配合，构成一个完整的方法体系。这个体系包括填制和审核会计凭证、登记会计账簿、编制财务会计报告三个主要环节。这个体系的基本内容是：对于日常发生的各项经济交易或者事项，经办人员要填制或取得原始凭证，经会计人员审核整理后，按照设置的会计科目，运用复式记账法编制记账凭证，并据以登记账簿；对于生产经营过程中所发生的各项费用要依据凭证和账簿记录进行成本计算；期末，要在保证账证、账账、账实相符的基础上，根据账簿记录编制财务会计报告。

① 一般认为，会计核算包括七种专门方法，即设置会计科目、复式记账、填制和审核会计凭证、登记会计账簿、成本计算、财产清查和编制财务会计报告。我们认为，将财产清查视为会计核算专门方法不妥，财产清查应属于会计核算方法中登记会计账簿这一专门方法的范畴（详见张志康主编的《会计学原理》（第五版）相关内容）。

第六章

会计科目和账户

一、填空题

1.设置会计科目　复式记账　编制资产负债表

2.科目内容　科目级次　横向　纵向

3.总分类科目　明细分类科目

4.会计科目　账户

5.账户　会计科目

6.期初余额　本期增加发生额　本期减少发生额　期末余额

7.“生产成本”　“制造费用”

二、判断题

1.×　2.√　3.×　4.√　5.×　6.√　7.√　8.×　9.√　10.√　11.×　12.×　13.√　14.√　15.× 16.×　17.×　18.√

三、单项选择题

1.C　2.D　3.D　4.A　5.C　6.C　7.B　8.D　9.B　10.D　11.C　12.C　13.B　14.B 15.C　16.D

四、多项选择题

1.ABCDE　2.ABC　3.BC　4.ADE　5.ABCD　6.ABE　7.ABCDE　8.AB　9.ABCE　10.ABCD 11.ABD

五、名词解释

1.会计等式：也称会计基本等式、会计恒等式、会计方程式，它指的是在任何时点上，一家企业的资产总额与负债总额和所有者权益总额之和必然存在的数量相等关系，用公式表示为：资产=负债+所有者权益。会计等式是设置会计科目（账户）、复式记账、编制资产负债表的理论依据。

2.会计科目：是指对会计要素具体内容进行分类核算的项目，人们习惯性地将它理解为账户的名称。在实际工作中，会计科目是预先由会计制度规定的。它是设置账户、处理账务必须遵循的规则和依据，是正确组织会计核算的重要基础。

3.账户：是会计账户的简称，是指对会计要素具体内容进行分类核算的方法、工具，它是根据会计科目设置的，具有一定结构和格式，借以对交易或者事项发生引起的会计要素的增减变动及其结果进行分类与记录。

六、简答题

1.为何企业的资产和权益之间始终必然存在数额相等关系？这种关系意义何在？

在一家企业中，资产表明企业拥有多少经济资源和拥有什么经济资源；权益（含负债和所有者权益）则表明是谁提供了这些经济资源和谁对这些经济资源拥有要求权。显然，资产和权益是企业同一笔资金的两个侧面，二者存在着相互依存关系。没有无资产的权益，也没有无权益的资产。从数量上看，有一定数额的资产，必定有相应数额的权益；反之，有一定数额的权益，也必定有相应数额的资产。也就是说，资产与权益之间在数量上存在着必然相等的关系，用公式表示为：资产=权益，或者为：资产=负债+所有者权益。

资产与权益的平衡关系揭示了资产、负债、所有者权益之间的规律性联系，它是设置会计科目（账户）、复式记账、编制资产负债表的理论依据。反过来说，按照这一平衡原理建立各种会计方法，就可以把握资产、负债、所有者权益三个会计要素之间的规律性联系，为经济管理提供各种会计信息。

2.简述引起资产和权益项目变化的交易或者事项的九种基本情况。

一家企业的交易或者事项，及由此引起的资产和权益（含负债和所有者权益）项目的变化虽然繁多，但归纳起来不外乎九种情况，包括：①交易或者事项发生引起资产与负债项目同时增加相等的金额；②交易或者事项发生引起资产与所有者权益项目同时增加相等的金额；③交易或者事项发生引起资产与负债项目同时减少相等的金额；④交易或者事项发生引起资产与所有者权益项目同时减少相等的金额；⑤交易或者事项发生引起资产项目之间此增彼减相等的金额；⑥交易或者事项发生引起负债项目之间此增彼减相等的金额；⑦交易或者事项发生引起所有者权益项目之间此增彼减相等的金额；⑧交易或者事项发生引起负债项目增加、所有者权益项目减少相等的金额；⑨交易或者事项发生引起负债项目减少，所有者权益项目增加相等的金额。

3.一切交易或者事项发生是否破坏会计等式？为什么？

在一家企业的生产经营过程中，总是不断地发生各种各样的交易或者事项，并由此引起资产项目、权益（含负债和所有者权益）项目发生变化。

一家企业的交易或者事项虽然繁多，但归纳起来不外乎以下四种类型：①交易或者事项发生引起会计等式左方的资产项目与右方的权益项目同时增加相等的金额；②交易或者事项发生引起会计等式左方的资产项目与右方的权益项目同时减少相等的金额；③交易或者事项发生引起会计等式左方资产项目之间此增彼减相等的金额；④交易或者事项发生引起会计等式右方权益项目之间此增彼减相等的金额。

由上可知，一家企业发生的交易或者事项，要么引起会计等式左右双方的总额同时增加或者同时减少相等的金额，变动后双方总额仍然相等；要么引起会计等式左方或者右方单方项目之间此增彼减相等的金额，变动后不改变原来的总额，双方总额仍然相等。

以上说明，任何交易或者事项的发生，都不破坏会计等式。

4.简述引起收入、费用变动的交易或者事项的基本类型及其对会计等式的影响。

企业发生的引起收入、费用要素增减变化的交易或者事项，其基本类型主要有四种：①收入的形成伴随着相等金额资产的增加；②收入的形成伴随着相等金额负债的减少；③费用的发生伴随着相等金额资产的减少；④费用的发生伴随着相等金额负债的增加。

在一定会计期间之初，企业的资产与负债和所有者权益总是存在数额上的相等关系，这种关系可用公式表示为会计基本等式，即：资产=负债+所有者权益。

在一定会计期间内，企业从事生产经营活动，必然发生引起收入、费用要素增减变化的交易或者事项。由于收入的形成总是伴随着相等金额资产的增加或者相等金额负债的减少，费用的发生总是伴随着相等金额资产的减少或者相等金额负债的增加，因此，发生引起收入、费用要素增减变化的交易或者事项，必然使得会计基本等式中资产、负债的数额在原有基础上发生变化，进而使会计基本等式发生变化、拓展。拓展的会计等式可用公式表示为：资产=负债+所有者权益+收入-费用。

在一定会计期间之末，由于收入减去费用的余额为利润，利润在期末要转化为所有者权益，因此，拓展的会计等式又还原为会计基本等式，即：资产=负债+所有者权益。

由此看来，任何引起收入、费用要素增减变化的交易或者事项都不会破坏会计等式的平衡关系。

5.简述设置会计科目的含义。

设置会计科目，就是将会计要素具体内容科学地划分为若干项目，进而明确、严格地界定每一个会计科目的名称、含义、范围，使其具有特定的核算内容。

设置会计科目，对会计要素具体内容进行科学分类，具有十分重要的意义，它既是一种重要的会计核算方法，也是运用其他会计核算方法的重要基础，是正确组织会计核算工作所必须遵守的重要规则和条件。通过设置会计科目，可以为设置账户、填制和审核会计凭证提供依据，可以为设置和登记账簿、设计和编制报表提供帮助。

6.什么是会计科目、账户？二者的主要联系、区别是什么？

会计科目是对会计要素具体内容进行分类核算所规定的项目名称；账户是对会计要素具体内容进行分类核算所采用的工具、方法。会计科目和账户是会计学中既相互联系又相互区别的两个概念。

会计科目和账户的联系主要表现在：①会计科目是设置账户的依据，是账户的名称，账户是根据会计科目设置的；②二者核算的经济内容是一致的；③设置会计科目和账户的目的都是为了提供分类核算的会计信息。

会计科目和账户的区别主要表现在：会计科目是对会计要素具体内容进行分类核算所规定的项目名称，是设置账户的依据，不存在结构问题；而账户必须具有一定结构或格式，借助于其所具有的结构或格式，账户能够分类记录交易或事项引起的会计要素具体内容的增减结存情况。

在实际工作中，人们常将会计科目和账户作为同义词互相通用，不加区别。

7.什么是账户的经济内容？账户按经济内容分为哪几类？

账户的经济内容是指账户反映的会计要素的具体内容，它体现于账户的不同性质。

账户之间的本质差别在于其性质不同，因而账户的经济内容是账户分类的基础，账户按经济内容的分类是对账户最基本的分类。账户按其所反映的经济内容，可以分为资产、负债、所有者权益、成本和损益五类。

七、业务题

习题6-1-1 练习企业会计科目的设置方法

序号	经济内容	应属会计科目	会计科目应属性质
1	办公楼、厂房、机器设备、汽车	固定资产	资产类
2	库存各种原材料	原材料	资产类
3	出纳人员保管的现金	库存现金	资产类
4	偿还期为半年的银行借款	短期借款	负债类
5	库存完工待售的产成品	库存商品	资产类
6	存入开户银行的款项	银行存款	资产类
7	职工借支的款项	其他应收款	资产类
8	应收购货单位货款	应收账款	资产类
9	应付供应单位货款	应付账款	负债类
10	向购货单位预收的销货款	预收账款	负债类
11	向供应单位预付的购料款	预付账款	资产类
12	已收到购货单位签发承兑的商业汇票	应收票据	资产类
13	签发承兑后已给供应单位的商业汇票	应付票据	负债类
14	投资者投入的资本金	实收资本	权益类
15	尚在车间生产的产品发生的费用	生产成本	成本类
16	车间组织管理产品生产发生的费用	制造费用	成本类
17	企业行政管理部门发生的各种费用	管理费用	费用类
18	短期借款利息费用	财务费用	费用类
19	销售商品发生的广告费等费用	销售费用	费用类
20	预收的包装物押金	其他应付款	负债类
21	预付的包装物押金	其他应收款	资产类
22	应收的保险赔款	其他应收款	资产类
23	应付职工薪酬、福利费等	应付职工薪酬	负债类

续表

序号	经济内容	应属会计科目	会计科目应属性质
24	应交纳的各种税金及教育费附加	应交税费	负债类
25	销售商品实现的收入	主营业务收入	收入类
26	捐赠利得	营业外收入	收入类
27	销售商品负担的税金、教育费附加	税金及附加	费用类
28	应负担的所得税	所得税费用	费用类
29	已售商品的生产成本	主营业务成本	费用类
30	为交易目的持有的股票投资	交易性金融资产	资产类
31	本年已实现的净利润	本年利润	权益类
32	已分配利润	利润分配	权益类
33	应付给投资者的利润	应付股利	负债类
34	企业拥有的专利权、商标权	无形资产	资产类
35	从税后利润中提留的公共积累	盈余公积	权益类
36	资本溢价、股本溢价	资本公积	权益类
37	非常损失、公益性捐赠支出	营业外支出	费用类

习题6-2-2 练习交易或事项的类型及其对会计等式的影响

资 产 负 债 表（简表）

编报单位：×××××× ××××年8月31日 单位：元

资　产	期末余额	负债和所有者权益	期末余额
库存现金	1 000	短期借款	30 000
银行存款	90 000	应付票据	10 000
交易性金融资产	20 000	应付账款	20 000
应收票据		应交税费	5 000
应收账款	20 000	应付股利	21 000
原材料	40 000	长期借款	85 000
库存商品	60 000	实收资本	220 000
债权投资	50 000	盈余公积	80 000
固定资产	160 000	本年利润	100 000
无形资产	130 000		
资产总计	571 000	负债和所有者权益总计	571 000

（1）增：原材料　　30 000　　（资产）

　　增：应付账款　　30 000　　（负债）

（2）减：应付票据	10 000		（负债）
减：银行存款		10 000	（资产）
（3）增：固定资产	9 000		（资产）
增：实收资本		9 000	（所有者权益）
（4）减：实收资本	20 000		（所有者权益）
减：银行存款		20 000	（资产）
（5）增：应收票据	15 000		（资产）
减：应收账款		15 000	（资产）
（6）减：应付账款	40 000		（负债）
增：短期借款		40 000	（负债）
（7）减：盈余公积	20 000		（所有者权益）
增：实收资本		20 000	（所有者权益）
（8）减：实收资本	10 000		（所有者权益）
增：应付票据		10 000	（负债）
（9）减：短期借款	50 000		（负债）
增：实收资本		50 000	（所有者权益）
（10）增：原材料	30 000		（资产）
减：银行存款		20 000	（资产）
增：应付账款		10 000	（负债）
（11）减：应交税费	5 000		（负债）
增：库存现金	300		（资产）
减：银行存款		5 300	（资产）
（12）增：银行存款	80 000		（资产）
增：固定资产	20 000		（资产）
增：实收资本		100 000	（所有者权益）

资产负债表（简表）

编报单位：×××××× ××××年9月30日 单位：元

资　产	期末余额	负债和所有者权益	期末余额
库存现金	1 300	短期借款	20 000
银行存款	114 700	应付票据	10 000
交易性金融资产	20 000	应付账款	20 000
应收票据	15 000	应交税费	
应收账款	5 000	应付股利	21 000
原材料	100 000	长期借款	85 000
库存商品	60 000	实收资本	369 000
债权投资	50 000	盈余公积	60 000
固定资产	189 000	本年利润	100 000
无形资产	130 000		
资产总计	685 000	负债和所有者权益总计	685 000

第七章

复式记账法：原理

一、填空题

1.会计等式的平衡原理

2.借贷记账法　增减记账法　收付记账法　借贷记账法

3.简单　复合

4.发生额　余额

5.资产　成本

6.应借　应贷　对应账户

二、判断题

1.×　2.√　3.×　4.×　5.×　6.×　7.√　8.×　9.×　10.√　11.×　12.√　13.√　14.×　15.×　16.√　17.√　18.×　19.×　20.√

三、单项选择题

1.B　2.C　3.A　4.D　5.D　6.D　7.C　8.C　9.A　10.D　11.A　12.C　13.D　14.C　15.A　16.C　17.D　18.C　19.C　20.A　21.B

四、多项选择题

1.ACDE　2.AB　3.BC　4.ACD　5.ABCDE　6.ADE　7.BCD　8.DE　9.ABCDE　10.ABCE　11.ABCDE　12.ACD　13.BCD　14.CE　15.AD　16.ABC　17.BC

五、名词解释

1.余额：是指一定日期账户借方金额总计与贷方金额总计相抵后的差额。它属于静态指标，所反映的是由交易或者事项发生引起的会计要素的增减变化结果。在期末计算出的账户余额称为期末余额；本期（上期）期末余额转入下期（本期）即为下期（本期）的期初余额。

2.本期发生额：是指账户的借方或者贷方在一定时期内登记的金额合计。它属于动态指标，所反映的是由交易或者事项发生引起的会计要素的增减变化情况。

3.会计分录：是指在记账凭证中标明某项交易或者事项应借、应贷的账户及其金额的记录。它由记账符号、账户名称（会计科目）、记账金额三部分构成。

4.账户对应关系：是指运用借贷记账法的记账规则记录交易或者事项时，该项交易或者事项所涉及的两个或两个以上账户（科目）之间形成的应借、应贷的相互依存关系。发生对应关系的账户（科目）互为对应账户（对应科目）。

六、简答题

1.什么是单式记账法？为什么说它是一种不太严密、不够科学的记账方法？

单式记账法是指对发生的每一项交易或者事项一般只在一个账户中进行登记，或者有时虽然也记入两个或两个以上账户，但账户之间的记录没有必然联系、没有相互平衡的概念的记账方法。

采用单式记账法时，由于不需要全面反映交易或者事项的发生情况，因而不需要完整地设置账户，所设置的账户不能构成一个完整的体系；对于发生的交易或者事项，账户之间的记录不存在直接联系，也没有相互平衡的关系，因而账户记录不能全面、系统地反映交易或者事项的来踪去迹，也不便于检查交易或者事项的真实性、合法性和账户记录的正确性。显然，单式记账法是一种不太严密、不够科学的记账方法，目前的企业、行政事业单位除登记备查账簿外，一般已不再采用。

2.什么是复式记账法？它有哪些特点？其优点何在？

复式记账法是指对发生的每一项交易或者事项都必须以相等的金额在两个或两个以上账户中相互联系地进行登记的一种记账方法。

复式记账法与单式记账法相比，所具有的显著特点是：①对发生的每一项交易或者事项都要按照规定的会计科目，在两个或两个以上账户中进行记录；②记录每一项交易或者事项的两个或两个以上账户之间是相互关联的；③记录每一项交易或者事项的两个或两个以上账户的金额是相等的。这三项特点也是复式记账法的内容要求。

复式记账法的优点表现在：可以通过账户记录反映每一项交易或者事项引起的会计要素增减变动的来踪去迹，清晰地反映交易或者事项的内容；能够通过所形成的账户对应关系检查交易或者事项的真实性和合法性；对发生的交易或者事项记录的结果可以进行试算平衡，以检查账户记录的正确性。

3.什么是借贷记账法？其基本内容包括哪些？

借贷记账法是以“借”“贷”作为记账符号，以“有借必有贷，借贷必相等”作为记账规则的一种复式记账方法。它是世界各国通用的一种复式记账法，也是我国法定的会计记账方法。其基本内容是：

① 借贷记账法以“借”“贷”二字作为记账符号，用以标明记账的方向。

② 借贷记账法的账户基本结构是左方为借方，右方为贷方。至于哪一方记增加，哪一方记减少，则根据账户反映的经济内容决定。

③ 借贷记账法的记账规则是“有借必有贷，借贷必相等”。

④ 借贷记账法的试算平衡一般是采用发生额平衡的方法，也可以采用余额平衡的方法，总的说来，是借贷双方自动平衡。一般通过编制“总分类账户试算平衡表”进行。

4.会计分录的种类有哪些？编制会计分录的步骤是怎样的？

会计分录按照一项交易或者事项涉及账户的多少，可以分为简单分录和复合分录两种。简单分录只涉及两个账户，其表现形式为一借一贷；复合分录涉及两个以上账户，其表现形式为一借多贷、多借一贷或多借多贷。复合分录是由若干相同类型交易或者事项的简单分录组合形成的。编制复合分录有利于简化记账手续。

编制会计分录的一般步骤是：①分析所发生的交易或者事项的内容，弄清涉及的会计要素；②确定交易或者事项涉及哪两个或两个以上账户；③确定所涉及的账户增加或减少的金额；④确定所涉及的账户应借、应贷的记账方向；⑤检查所编分录是否正确。

5.什么是账户对应关系？其意义何在？

账户对应关系亦称科目对应关系，是指运用借贷记账法的记账规则记录交易或者事项时，该项交易或者事项所涉及的两个或两个以上账户（科目）之间形成的应借、应贷的相互依存关系。发生对应关系的账户（科目）互为对应账户（科目）。

账户对应关系的重要意义表现在：①通过账户对应关系，可以了解交易或者事项的内容，弄清会计要素具体项目增减变化的来踪去迹；②通过账户对应关系所反映出的交易或者事项内容，可以判别交易或者事项的合理性、合法性、合规性；③通过账户对应关系，可以检查账户记录的正确性。

6.试述借贷记账法的试算平衡。

所谓试算平衡，是指根据会计等式的平衡原理和记账规则的要求，通过汇总计算和比较，初步检查一定时期内发生的交易或者事项在账户中的登记是否正确的一种方法。

借贷记账法的试算平衡，总的说来是借贷双方自动平衡，包括发生额试算平衡法和余额试算平衡法。

发生额试算平衡法是由借贷记账法的记账规则决定的，可用公式表示为：

全部账户借方的本期发生额合计 = 全部账户贷方的本期发生额合计

余额试算平衡法是由会计等式的平衡原理决定的，可用公式表示为：

全部账户借方期末余额合计 = 全部账户贷方期末余额合计

在实际操作中，借贷记账法的试算平衡一般通过编制“总分类账户试算平衡表”进行。该表中，期初余额、本期发生额、期末余额三大栏各自的借方合计与贷方合计必须相等。如果不等，说明记账肯定有错。如果相等，一般说来记账是正确的，除非发生以下情况：①借方和贷方都多记或少记了相同的金额，②应借应贷科目写错，③借贷方向弄反。

7.为什么对总分类账户和明细分类账户的登记要采用平行登记的方法？

账户按其提供指标的详细程度分为总分类账户和明细分类账户两个级次，二者具有紧密的内在联系，表现在以下方面：①二者反映的经济内容（会计要素）相同，只是反映的详细程度不同；②二者之间存在从属关系，总账统驭、控制所属明细账，明细账从属于总账；③二者的金额相等，即记入总账的金额与记入所属明细账的金额之和相等。

由于二者存在着上述关系，因此，对二者应采用平行登记的方法进行登记。

8.什么是平行登记？其基本内容有哪些？结果怎样？

平行登记是指对交易或者事项涉及的某一总账账户及其所属明细账户，应当采用相同的记账依据、记账方向和记账金额，既在总账账户中进行总括登记，又在所属明细账户中进行明细登记的一种过账方法。

平行登记的基本内容是：①登记的依据相同，即对发生的每一项交易或者事项，必须根据相同的会计凭证（会计分录），在同一会计期间记入有关总账账户及其所属明细账户；②登记的方向一致，即根据某一项交易或者事项的会计凭证所登记的总账账户与其所属明细账户的记账方向必须相同；③登记的金额相等，即记入总账账户的金额与记入所属明细账户的金额之和必须相等。

采用平行登记的方法，必然使某个总账账户与其所属明细账户之间形成相互核对的数量关系。实际操作时，这种核对往往通过编制“明细分类账户本期发生额和余额明细表”进行，用公式表示则为：

某总账账户本期发生额=该总账账户所属明细账户本期发生额合计

某总账账户期末余额=该总账账户所属明细账户期末余额合计

七、业务题

习题7-1-3 练习采用借贷记账法编制会计分录

（1）借：原材料	30 000	
贷：应付账款		30 000
（2）借：应付票据	10 000	
贷：银行存款		10 000
（3）借：固定资产	9 000	
贷：实收资本		9 000
（4）借：实收资本	20 000	
贷：银行存款		20 000
（5）借：应收票据	15 000	
贷：应收账款		15 000
（6）借：应付账款	40 000	
贷：短期借款		40 000
（7）借：盈余公积	20 000	
贷：实收资本		20 000
（8）借：实收资本	10 000	
贷：应付票据		10 000
（9）借：短期借款	50 000	
贷：实收资本		50 000
（10）借：原材料	30 000	
贷：银行存款		20 000
应付账款		10 000
（11）借：应交税费	5 000	
库存现金	300	
贷：银行存款		5 300
（12）借：银行存款	80 000	
固定资产	20 000	
贷：实收资本		100 000

习题 7-2-4 练习借贷记账法

(1) 借：原材料	15 000	
贷：应付账款		15 000
(2) 借：银行存款	120 000	
贷：实收资本		120 000
(3) 借：应交税费	16 000	
贷：银行存款		16 000
(4) 借：应付账款	30 000	
贷：银行存款		30 000
(5) 借：银行存款	15 000	
贷：应收账款		15 000
(6) 借：应付账款	25 000	
贷：短期借款		25 000
(7) 借：生产成本	50 000	
贷：原材料		50 000
(8) 借：银行存款	20 000	
贷：预收账款		20 000
(9) 借：库存现金	2 500	
贷：其他应付款		2 500
(10) 借：银行存款	1 800	
贷：库存现金		1 800
(11) 借：预付账款	20 000	
贷：银行存款		20 000
(12) 借：其他应收款	1 000	
贷：银行存款		1 000
(13) 借：应付票据	25 000	
贷：银行存款		25 000
(14) 借：银行存款	8 000	
贷：应收票据		8 000
(15) 借：应收票据	12 000	
贷：应收账款		12 000
(16) 借：固定资产	21 000	
贷：实收资本		21 000
(17) 借：盈余公积	18 000	
贷：实收资本		18 000
(18) 借：生产成本	26 800	
贷：银行存款		26 000
库存现金		800
(19) 借：原材料	50 000	
贷：银行存款		10 000
应付账款		40 000
(20) 借：短期借款	60 000	
长期借款		20 000
贷：银行存款		80 000
(21) 借：库存现金	1 700	
贷：银行存款		1 700
(22) 借：库存商品	60 000	
贷：生产成本		60 000

库存现金

期初余额	3 300	(10)	1 800
(9)	2 500	(18)	800
(21)	1 700		
本期发生额	4 200	本期发生额	2 600
期末余额	4 900		

应收票据

期初余额	17 000	(14)	8 000
(15)	12 000		
本期发生额	12 000	本期发生额	8 000
期末余额	21 000		

预付账款

(11)	20 000		
本期发生额	20 000		
期末余额	20 000		

原材料

期初余额	80 000	(7)	50 000
(1)	15 000		
(19)	50 000		
本期发生额	65 000	本期发生额	50 000
期末余额	95 000		

固定资产

期初余额	259 000		
(16)	21 000		
本期发生额	21 000		
期末余额	280 000		

银行存款

期初余额	110 000	(3)	16 000
(2)	120 000	(4)	30 000
(5)	15 000	(11)	20 000
(8)	20 000	(12)	1 000
(10)	1 800	(13)	25 000
(14)	8 000	(18)	26 000
		(19)	10 000
		(20)	80 000
		(21)	1 700
本期发生额	164 800	本期发生额	209 700
期末余额	65 100		

应收账款

期初余额	45 700	(5)	15 000
		(15)	12 000
本期发生额	0	本期发生额	27 000
期末余额	18 700		

其他应收款

(12)	1 000		
本期发生额	1 000		
期末余额	1 000		

库存商品

期初余额	65 000		
(22)	60 000		
本期发生额	60 000		
期末余额	125 000		

累计折旧

		期初余额	20 000
		本期发生额	0
		期末余额	20 000

无形资产

期初余额	130 000		
本期发生额	0		
期末余额	130 000		

短期借款

(20)	60 000	期初余额	120 000
		(6)	25 000
本期发生额	60 000	本期发生额	25 000
		期末余额	85 000

应付票据

(13)	25 000	期初余额	50 000
本期发生额	25 000	本期发生额	0
		期末余额	25 000

应付账款

(4)	30 000	期初余额	60 000
(6)	25 000	(1)	15 000
		(19)	40 000
本期发生额	55 000	本期发生额	55 000
		期末余额	60 000

预收账款

		(8)	20 000
		本期发生额	20 000
		期末余额	20 000

其他应付款

		(9)	2 500
		本期发生额	2 500
		期末余额	2 500

应交税费

(3)	16 000	期初余额	19 000
本期发生额	16 000	本期发生额	0
		期末余额	3 000

长期借款

(20)	20 000	期初余额	90 000
本期发生额	20 000	本期发生额	0
		期末余额	70 000

实收资本

		期初余额	300 000
		(2)	120 000
		(16)	21 000
		(17)	18 000
		本期发生额	159 000
		期末余额	459 000

资本公积

		期初余额	21 000
		本期发生额	0
		期末余额	21 000

盈余公积

(17)	18 000	期初余额	30 000
本期发生额	18 000	本期发生额	0
		期末余额	12 000

生产成本

(7)	50 000	(22)	60 000
(18)	26 800		
本期发生额	76 800	本期发生额	60 000
期末余额	16 800		

试 算 平 衡 表

××××年10月

单位：元

会计科目	期初余额		本期发生额		期末余额	
	借方	贷方	借方	贷方	借方	贷方
库存现金	3 300		4 200	2 600	4 900	
银行存款	110 000		164 800	209 700	65 100	
应收票据	17 000		12 000	8 000	21 000	
应收账款	45 700			27 000	18 700	
预付账款			20 000		20 000	
其他应收款			1 000		1 000	
原材料	80 000		65 000	50 000	95 000	
库存商品	65 000		60 000		125 000	
固定资产	259 000		21 000		280 000	
累计折旧		20 000				20 000
无形资产	130 000				130 000	
短期借款		120 000	60 000	25 000		85 000
应付票据		50 000	25 000			25 000
应付账款		60 000	55 000	55 000		60 000
预收账款				20 000		20 000
其他应付款				2 500		2 500
应交税费		19 000	16 000			3 000
长期借款		90 000	20 000			70 000
实收资本		300 000		159 000		459 000
资本公积		21 000				21 000
盈余公积		30 000	18 000			12 000
生产成本			76 800	60 000	16 800	
合计	710 000	710 000	618 800	618 800	777 500	777 500

资产负债表（简表）

编制单位：林城市新生药厂　　　　××××年10月31日　　　　单位：元

资　产	期末余额	负债和所有者权益	期末余额
		短期借款	85 000
货币资金	70 000	应付票据	25 000
应收票据	21 000	应付账款	60 000
应收账款	18 700	预收款项	20 000
预付款项	20 000	其他应付款	2 500
其他应收款	1 000	应交税费	3 000
存货	236 800	长期借款	70 000
债权投资		实收资本	459 000
固定资产	260 000	资本公积	21 000
无形资产	130 000	盈余公积	12 000
商誉		未分配利润	
资产总计	757 500	负债和所有者权益总计	757 500

习题7-3-5　练习账户对应关系并认识其重要性

（1）借：固定资产　　30 000

　　　贷：实收资本　　30 000

收到某投资者投入的新固定资产，价值为30 000元。

（2）借：销售费用　　20 000

　　　贷：银行存款　　20 000

以银行存款支付销售商品发生的费用，计20 000元。

（3）借：银行存款　　80 000

　　　贷：主营业务收入　　80 000

销售一批商品，货款收到存入银行，计80 000元。

（4）借：应付账款　　50 000

　　　贷：银行存款　　50 000

以银行存款偿还前欠供应单位货款50 000元。

（5）借：库存现金　　200

　　　贷：主营业务收入　　200

零星销售一批商品，货款200元，现金收讫。

（6）借：原材料　　40 000

　　　贷：银行存款　　20 000

　　　　　应付账款　　20 000

购入材料一批，货款40 000元，以银行存款付讫一半，另一半尚未支付。

（7）借：银行存款　　60 000

　　　贷：应收账款　　60 000

收到购货单位前欠货款60 000元，存入银行。

（8）借：应收账款　　18 000

　　　贷：主营业务收入　　18 000

销售商品一批，货款18 000元，暂未收到。

（9）借：管理费用　　300

　　　贷：库存现金　　300

以现金付讫企业行政管理部门当月发生的某项费用，计300元。

（10）借：资本公积　　40 000
　　　　盈余公积　　10 000
　　贷：实收资本　　50 000

按规定程序，将资本公积40 000元和盈余公积10 000元一并转增资本。

（11）借：短期借款　　20 000
　　　　长期借款　　70 000
　　贷：银行存款　　90 000

以银行存款归还到期的银行借款，其中，短期借款20 000元，长期借款70 000元。

（12）借：固定资产　　20 000
　　　　银行存款　　30 000
　　贷：实收资本　　50 000

收到外部投资给企业的某项新固定资产20 000元和银行存款30 000元。

（13）借：银行存款　　15 000
　　　　应收账款　　5 000
　　贷：主营业务收入　　20 000

销售商品一批，货款共20 000元，当即收到15 000元存入银行，其余货款尚未收到。

（14）借：管理费用　　8 000
　　贷：银行存款　　8 000

以银行存款付讫企业行政管理部门当月发生的某项费用，计8 000元。

习题7-4-6 练习总分类账户和明细分类账户的平行登记

（1）借：应付账款　　65 000
　　　　——南明公司　　45 000
　　　　——云岩公司　　20 000
　　贷：银行存款　　65 000

（2）借：原材料——乙材料　　15 000
　　贷：银行存款　　15 000

（3）借：原材料　　13 000
　　　　——甲材料　　3 000
　　　　——乙材料　　10 000
　　贷：应付账款——云岩公司　　13 000

（4）借：生产成本　　23 500
　　贷：原材料　　23 500
　　　　——甲材料　　6 000
　　　　——乙材料　　17 500

（5）借：原材料——甲材料　　15 000
　　贷：应付账款——云岩公司　　15 000

（6）借：生产成本　　10 500
　　贷：原材料——甲材料　　10 500

（7）借：原材料——乙材料　　30 000
　　贷：应付账款——南明公司　　30 000

（8）借：应付账款　　40 000
　　　　——南明公司　　15 000
　　　　——云岩公司　　25 000
　　贷：短期借款　　40 000

总分类账户

会计科目：原材料　　　　单位：元

年		凭证		摘　　要	借　方	贷　方	借或贷	余　额
月	日	字	号					
11	1			期初余额			借	24 500
	7		（2）	购进	15 000		借	39 500
	12		（3）	购进	13 000		借	52 500
	18		（4）	领用		23 500	借	29 000
	19		（5）	购进	15 000		借	44 000
	26		（6）	领用		10 500	借	33 500
	28		（7）	购进	30 000		借	63 500
11	30			本期发生额及余额	73 000	34 000	借	63 500

会计科目：应付账款　　　　单位：元

年		凭证		摘　　要	借　方	贷　方	借或贷	余　额
月	日	字	号					
11	1			期初余额			贷	65 000
	3		（1）	偿还前欠货款	65 000		平	0
	12		（3）	购料未付款		13 000	贷	13 000
	19		（5）	购料未付款		15 000	贷	28 000
	28		（7）	购料未付款		30 000	贷	58 000
	29		（8）	偿还前欠货款	40 000		贷	18 000
11	30			本期发生额及余额	105 000	58 000	贷	18 000

原材料明细分类账户

计量单位：吨

二级或明细科目：甲材料　　　　金额单位：元

年		凭证		摘要	收入（借方）			发出（贷方）			结存（余额）		
月	日	字	号		数量	单价	金额	数量	单价	金额	数量	单价	金额
11	1			期初余额							40	300	12 000
	12		（3）	购进	10	300	3 000				50	300	15 000
	18		（4）	领用				20	300	6 000	30	300	9 000
	19		（5）	购进	50	300	15 000				80	300	24 000
	26		（6）	领用				35	300	10 500	45	300	13 500
11	30			本期发生额及余额	60	300	18 000	55	300	16 500	45	300	13 500

计量单位：千克

金额单位：元

二级或明细科目：乙材料

年		凭证		摘要	收入（借方）			发出（贷方）			结存（余额）		
月	日	字	号		数量	单价	金额	数量	单价	金额	数量	单价	金额
11	1			期初余额							2 500	5	12 500
	7		（2）	购进	3 000	5	15 000				5 500	5	27 500
	12		（3）	购进	2 000	5	10 000				7 500	5	37 500
	18		（4）	领用				3 500	5	17 500	4 000	5	20 000
	28		（7）	购进	6 000	5	30 000				10 000	5	50 000
11	30			本期发生额及余额	11 000	5	55 000	3 500	5	17 500	10 000	5	50 000

应付账款明细分类账户

二级或明细科目：南明公司

单位：元

年		凭证		摘要	借方	贷方	借或贷	余额
月	日	字	号					
11	1			期初余额			贷	45 000
	3		（1）	偿还前欠货款	45 000		平	0
	28		（7）	购料未付款		30 000	贷	30 000
	29		（8）	偿还前欠货款	15 000		贷	15 000
11	30			本期发生额及余额	60 000	30 000	贷	15 000

二级或明细科目：云岩公司

单位：元

年		凭证		摘要	借方	贷方	借或贷	余额
月	日	字	号					
11	1			期初余额			贷	20 000
	3		（1）	偿还前欠货款	20 000		平	0
	12		（3）	购料未付款		13 000	贷	13 000
	19		（5）	购料未付款		15 000	贷	28 000
	29		（8）	偿还前欠货款	25 000		贷	3 000
11	30			本期发生额及余额	45 000	28 000	贷	3 000

原材料明细分类账户本期发生额和余额明细表

××××年11月

单位：元

二级或明细科目	期初余额		本期发生额		期末余额	
	借方	贷方	借方	贷方	借方	贷方
甲材料	12 000		18 000	16 500	13 500	
乙材料	12 500		55 000	17 500	50 000	
合计	24 500		73 000	34 000	63 500	
“原材料”账户	24 500		73 000	34 000	63 500	

应付账款明细分类账户本期发生额和余额明细表

××××年11月

单位：元

二级或明细科目	期初余额		本期发生额		期末余额	
	借方	贷方	借方	贷方	借方	贷方
南明公司		45 000	60 000	30 000		15 000
云岩公司		20 000	45 000	28 000		3 000
合计		65 000	105 000	58 000		18 000
“应付账款”账户		65 000	105 000	58 000		18 000

第八章

复式记账法：应用

一、填空题

1.投资者　债权人
2.在途材料的实际成本
3.买价　采购费用
4.生产费用　期间费用
5.贷　借
6.库存商品　生产成本　主营业务成本　库存商品
7.商品销售数量　该商品单位生产成本
8.本年利润　利润分配——未分配利润
9.历年结存的未分配利润　历年累计的未弥补亏损
10.税金及附加　应交税费　所得税费用　应交税费
11.应付账款　营业外收入　坏账准备　应收账款
12.材料采购　原材料　生产成本　库存商品　存货
13.待处理固定资产损溢　待处理流动资产损溢
14.待处理财产损溢　管理费用
15.营业外支出　管理费用　其他应收款
16.货币资金　实物资产
17.尚未收回的债权净额　尚未偿付的债务净额
18.其他应收款　其他应付款
19.附加　备抵
20.资产　盘存　调整（或备抵调整）
21.资产　调整（或备抵调整）

二、判断题

1.×　2.√　3.×　4.√　5.×　6.√　7.×　8.√　9.√　10.×　11.√　12.√　13.×　14.√　15.×　16.×　17.√　18.×　19.√　20.√　21.×　22.√　23.×　24.×　25.×　26.×　27.√　28.×　29.√　30.×　31.×　32.√　33.×　34.×　35.×　36.√　37.×　38.×　39.√　40.×　41.×　42.√　43.√　44.√　45.√　46.√　47.×

三、单项选择题

1.C　2.D　3.C　4.C　5.B　6.B　7.C　8.D　9.D　10.D　11.C　12.C　13.B　14.A　15.B　16.A　17.B　18.B　19.D　20.C　21.A　22.C　23.D　24.C　25.C　26.C　27.A　28.D　29.D　30.C　31.C　32.A　33.D　34.C　35.A　36.D　37.B　38.C　39.A　40.C　41.D　42.B　43.A　44.D　45.B　46.C　47.A　48.B　49.B　50.C　51.C　52.B

四、多项选择题

1.ADE　2.ABCD　3.ACDE　4.ABCD　5.ABE　6.ABCE　7.ABCDE　8.ABCE　9.ABE　10.AD　11.ACDE　12.ABE　13.ABCDE　14.ABCD　15.BDE　16.ABCDE　17.ABCDE　18.CDE　19.BCE　20.BD　21.ABCD　22.AB　23.ABE　24.AC　25.ABCDE　26.ABE　27.CDE　28.ABCDE　29.ABCE　30.BCE　31.ADE　32.BD　33.CE　34.ABCE　35.ADE　36.ACDE　37.ABE　38.ABE

五、名词解释

1.生产费用：是指企业在一定时期内的产品生产过程中发生的各种耗费的货币表现，按其计入产品生产成本的方式不同分为直接费用和间接费用两个部分，前者主要有直接材料费、直接人工费等，后者即制造费用。

2.制造费用：即间接费用，是指企业的生产部门（车间）为组织、管理产品生产和为产品生产服务所发生的各项生产费用，包括车间管理人员的工资、福利费等薪酬和车间的固定资产折旧费、办公费、水电费、机物料消耗等等。制造费用发生时不易分清应由什么成本计算对象负担，因而通过“制造费用”账户进行归集，月终再按一定标准分配计入各成本计算对象的成本中。

3.生产成本：也叫制造成本，是指企业为生产一定种类和数量的产品所发生的生产费用总和。将生产费用按照一定种类和数量的产品进行归集，就构成这些产品的生产成本。

4.盘存账户：是指用来反映和监督各项货币资金、实物资产增减变动及实存数额的账户。其借方登记各项货币资金、实物资产的增加数；贷方登记各项货币资金、实物资产的减少数；期末余额总是在借方，表示各项货币资金、实物资产在期末的实存数额。

5.债权债务结算账户：又称往来结算账户、资产负债结算账户，是指用来核算、监督企业同其他单位或个人之间的往来结算业务的账户。其借方登记债权的增加数和债务的减少数；贷方登记债权的减少数和债务的增加数；期末若为借方余额，表示尚未收回的债权净额，期末若为贷方余额，则表示尚未偿付的债务净额。这类账户的总分类账户的余额应当等于所属明细分类账户的借方余额之和与贷方余额之和的差额。

6.跨期摊配账户：在会计实务中，企业在采用权责发生制这一会计记账基础时，必然出现事先一次性支付需待以后再根据受益情况分期计入若干会计年度损益的预付费用。跨期摊配账户是用来反映和监督跨越支付期摊销分配计入若干会计年度损益的预付费用的增减变动及其结存情况的账户。其结构上的特点是：借方登记预付费用的实际支出数额；贷方登记预付费用当期摊销分配的数额；期末余额在借方，表示已付未摊的预付费用。常用的跨期摊配账户主要有“长期待摊费用”等。

7.备抵账户：又称抵减账户，是用来抵减被调整账户的余额，以求得被调整账户实际余额的账户。被调整账户的余额与备抵账户的余额在相反方向，二者的调整方式是相减，即用被调整账户余额减去备抵账户余额后的差额，就是被调整账户的实际余额。

8.备抵附加账户：是指既用来抵减，又用来增加被调整账户的余额，以求得被调整账户实际余额的账户。备抵附加账户的余额可能在借方，也可能在贷方。备抵附加账户兼有备抵账户和附加账户的功能，但不能同时起作用。这类账户在某一时刻执行的是备抵账户还是附加账户的功能，取决于它的余额方向与被调整账户的余额方向是否一致：二者余额方向相同时，它所起的是附加账户的作用；二者余额方向相反时，它所起的则是备抵账户的作用。

六、简答题

1.试比较“生产成本”账户和“制造费用”账户的用途、结构和性质。

① 关于两个账户的用途。“生产成本”账户是用以归集产品生产过程中发生的全部生产费用（包括直接费用和间接费用），确定完工产品实际生产成本，并反映在产品实际生产成本的账户；“制造费用”账户是用以归集和分配企业的车间在产品生产过程中为组织、管理产品生产及为产品生产服务发生的各项间接费用的账户。

② 关于两个账户的结构。从借方看，“生产成本”账户的借方登记当月产品生产过程中发生的全部生产费用，包括各项直接费用和月终从“制造费用”账户的贷方分配转入的间接费用，而“制造费用”账户的借方登记当月产品生产过程中发生的全部间接费用，即企业的车间当月发生的各项费用；从贷方看，“生产成本”账户的贷方登记转入“库存商品”账户借方的本月生产完工、验收入库产品的实际生产成本，而“制造费用”账户的贷方登记月终分配转入“生产成本”账户借方的应由各种产品负担的当月制造费用总额；从余额看，“生产成本”账户月末若有余额，应在借方，表示月末在产品的实际生产成本，而“制造费用”账户月末应无余额；从明细分类核算看，“生产成本”账户一般按产品种类设置明细账户，进行明细分类核算，而“制造费用”账户应按规定的费用项目进行明细分类核算。

③ 关于两个账户的性质。由于两个账户都是用以反映生产费用发生、生产成本形成的账户，因而它们都属于成本类账户。此外，由于“生产成本”账户月末借方余额反映的在产品是企业资产中的一种存货，因而“生产成本”账户应同时属于资产类账户。

2.简述“本年利润”账户的性质、用途、结构。

“本年利润”账户是一个所有者权益类账户。该账户的用途是：核算企业在本年度实现的净利润或发生的亏损。其结构为：贷方登记月末从各损益（收入）类账户借方转入的各项收入、利得；借方登记月末从各损益（费用）类账户贷方转入的各项费用、损失；月末余额若在贷方，表示截至本月末止累计实现的净利润，若在借方，则表示截至本月末止累计发生的亏损。年度终了，应将企业全年实现的净利润或全年发生的亏损总额，从“本年利润”账户借方或贷方转入“利润分配——未分配利润”账户贷方或借方，年末结转后“本年利润”账户应无余额。

3.简述“利润分配”账户的性质、用途、结构。

“利润分配”账户是一个所有者权益类账户。该账户的用途是：核算企业净利润的分配（或亏损的弥补）和历年分配（或弥补）后的结存余额。其结构为：借方登记净利润的分配数额，包括从净利润中计提的盈余公积、应当支付给投资者的利润等，贷方平时一般不作登记，月末借方余额表示截至本月末止累计已分配的净利润。

“利润分配”账户一般应下设“提取法定盈余公积”、“应付现金股利”和“未分配利润”等明细分类账户。年度终了，企业应将全年实现的净利润或全年发生的亏损总额，从“本年利润”账户借方或贷方转入“利润分配——未分配利润”账户贷方或借方；同时，将已分配的利润从“利润分配——提取法定盈余公积”和“利润分配——应付现金股利”等账户贷方转入“利润分配——未分配利润”账户借方。年终结转后，除“未分配利润”明细账户外，其他明细账户应无余额。

“利润分配”账户及其“未分配利润”明细账户年末贷方余额表示历年结存的未分配利润，若为借方余额则表示历年累积的未弥补亏损。

4.企业应缴纳的增值税、城市维护建设税、所得税应记入哪些账户核算？与此相关的交易或事项及会计分录各有哪些？

企业应缴纳的增值税通过“应交税费——应交增值税”账户核算。企业销售商品时向购买单位收取的销项税额，应借记“银行存款”或“应收账款”等账户，贷记“应交税费——应交增值税（销项税额）”账户；企业采购材料时向供应单位支付的进项税额，应借记“应交税费——应交增值税（进项税额）”账户，贷记“银行存款”或“应付账款”等账户；企业以银行存款缴纳应交增值税时，应借记“应交税费——应交增值税（已交税金）”账户，贷记“银行存款”账户。

企业应缴纳的城市维护建设税通过“税金及附加”账户核算。当企业按规定计算出应缴纳的城市维护建设税时，应借记“税金及附加”账户，贷记“应交税费——应交城市维护建设税”账户；企业以银行存款交纳应交城市维护建设税时，应借记“应交税费——应交城市维护建设税”账户，贷记“银行存款”账户。

企业应缴纳的所得税通过“所得税费用”账户核算。当企业按规定计算出应缴纳的所得税时，应借记“所得税费用”账户，贷记“应交税费——应交所得税”账户；企业以银行存款缴纳应交所得税时，应借记“应交税费——应交所得税”账户，贷记“银行存款”账户。

5.试述“待处理财产损溢”账户的性质、用途和结构。

“待处理财产损溢”账户是一个资产类账户，其用途是核算企业在财产清查中查明的库存现金、各项实物资产等财产的盘盈和盘亏及处理情况。其结构为：借方登记发生的盘亏（或毁损、短缺）数额和经批准处理所转销的盘盈（或溢余）数额；贷方登记发生的盘盈（或溢余）数额和经批准处理所转销的盘亏（或毁损、短缺）数额；期末应无余额。“待处理财产损溢”账户一般下设“待处理流动资产损溢”和“待处理固定资产损溢”两个明细分类账户。

6.“材料采购”“原材料”“生产成本”“库存商品”“主营业务成本”“本年利润”账户之间，在发生哪些交易或事项时存在着对应关系？这些交易或事项应编制什么样的会计分录？

① 当结转验收入库材料的实际采购成本时，“原材料”与“材料采购”账户形成对应关系，其会计分录为：借记“原材料”账户，贷记“材料采购”账户。

② 当仓库发出材料用于车间生产产品时，“生产成本”与“原材料”账户形成对应关系，其会计分录为：借记“生产成本”账户，贷记“原材料”账户。

③ 当结转生产完工验收入库产品的实际生产成本时，“库存商品”与“生产成本”账户形成对应关系，其会计分录为：借记“库存商品”账户，贷记“生产成本”账户。

④ 当结转已销售产品的实际生产成本时，“主营业务成本”与“库存商品”账户形成对应关系，其会计分录为：

借记“主营业务成本”账户，贷记“库存商品”账户。

⑤ 当月终将本月产品销售成本结转到“本年利润”账户时，“本年利润”与“主营业务成本”账户形成对应关系，其会计分录为：借记“本年利润”账户，贷记“主营业务成本”账户。

以上账户之间的对应关系可用下图表示：

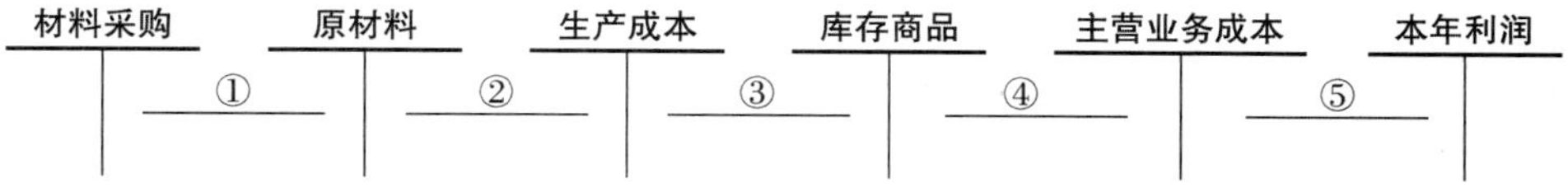

7.账户按经济内容分类与按用途和结构分类之间是何关系？

账户是对会计对象具体内容进行分类核算的工具，每一个账户都有特定的经济内容；同时，账户是根据经营管理和对外报告会计信息的需要设置的，每一个账户都有特定的用途和结构。显然，账户按经济内容的分类与按用途和结构的分类可能不完全一致，表现在：一方面，按其经济内容归为一类的账户，可能具有不同的用途和结构，例如“固定资产”账户与“累计折旧”账户，虽然按经济内容都归属于资产类账户，但它们的用途和结构显然不同；另一方面，具有相同或相似用途和结构的账户，按其反映的经济内容则可能归属于不同的类别[①]。因此，虽然账户的用途和结构都直接或间接地依存于账户的经济内容，但账户按经济内容的分类并不能代替账户按用途和结构的分类。账户按经济内容的分类是基本的分类，账户按用途和结构的分类是对账户按经济内容分类的必要补充。

8.什么是账户的用途和结构？账户按用途和结构分为哪几类？

账户的用途，是指通过账户记录能够提供什么核算指标，即设置和运用账户的目的是什么；账户的结构，是指如何在账户中记录交易或者事项以取得各种必要的核算指标，具体讲就是账户的借方核算什么内容，贷方核算什么内容，期末余额在哪一方，表示什么内容。

账户按用途和结构可以分为盘存账户、结算账户、资本积累账户[②]、跨期摊配账户、集合分配账户、成本计算账户、计价对比账户、盈亏计算账户、调整账户和暂记账户等十类。

9.什么是结算账户？结算账户分为哪几类？有何特点？

结算账户是用来反映和监督企业与其他单位、个人之间债权、债务结算情况的账户。

由于结算业务的性质不同，结算账户具有不同的用途和结构。因此，结算账户按其具体用途和结构，又可以分为债权结算账户、债务结算账户和债权债务结算账户三类。

结算账户的特点是：①应按照发生结算业务的对方单位或个人设置明细分类账户，以便及时进行结算和核对账目；②结算账户只提供金额指标。

10.简述集合分配账户的用途、结构和特点。

集合分配账户是用来归集和分配企业生产经营过程中某个阶段在一定时期内所发生的需要按一定标准分配计入有关成本计算对象的某种费用的账户。“制造费用”账户就是集合分配账户。

集合分配账户的结构是：借方登记一定时期内费用的发生数，贷方登记期末按一定标准分配计入各个成本计算对象的费用的分配数，由于归集在借方的费用在当期一般都要从贷方全部分配转出，所以通常没有期末余额。

集合分配账户的特点是：具有明显的过渡性质，在期末通常无余额。

11.简述成本计算账户的用途、结构和特点。

成本计算账户是用来反映和监督企业生产经营过程中某一阶段发生的全部费用，计算该阶段各个成本计算对象实际成本的账户。“材料采购”“生产成本”等账户就属于成本计算账户。

成本计算账户的结构是：借方登记应计入成本计算对象成本的全部费用，包括直接费用和间接费用，贷方登记转出的已完成某个阶段的成本计算对象的实际成本，期末余额一定在借方，表示尚未完成某个阶段的成本计算对象的实际成本。

成本计算账户的特点是：应在总分类账户下按照各个成本计算对象分别设置明细分类账户，进行明细核算（账页格式为多栏式）。

12.什么是计价对比账户？举例说明其结构。

计价对比账户是用来对生产经营过程中某一阶段的特定交易或事项通过其借方和贷方按照两种不同的计价标准进行核算对比，借以确定该阶段交易或事项之成果的账户。在按计划成本对库存材料、库存商品的日常收发进行核算的

① 长期以来，我国企业会计核算过程中使用的“待摊费用”“预提费用”账户，虽然按用途和结构分类都归属于跨期摊配账户，但按经济内容分类，则分别属于资产类账户和负债类账户。自2007年以来，我国企业会计核算已不再使用“待摊费用”和“预提费用”账户，但也有一些经济组织（如医院）仍在会计核算中使用“待摊费用”“预提费用”账户。

② 资本积累账户也被称为“资本账户”“资本和资本增值账户”“投资权益账户”等。我们认为，“资本积累账户”这一名称更能恰当、准确、简洁地反映“实收资本”“资本公积”“盈余公积”这类账户在用途和结构方面特别是在用途上的特点，故在主教材和本书中均采用“资本积累账户”这一名称。

情况下，企业所设置的“材料采购”“生产成本”账户就是计价对比账户。

以“材料采购”账户为例，其借方登记外购材料的实际成本，贷方登记转入“原材料”账户借方的验收入库材料的计划成本，通过借贷双方两种计价的对比，即可确定材料采购的业务成果：如果借方的实际成本大于贷方的计划成本，其差额为超支差异；如果借方的实际成本小于贷方的计划成本，其差额为节约差异。由于材料的超支差异或节约差异应全部从“材料采购”账户贷方或借方转入“材料成本差异”账户借方或贷方，因此“材料采购”账户期末一般无余额；若有余额，应在借方，表示尚未验收入库的在途材料的实际成本。

13.什么是调整账户？为什么要设置调整账户？调整账户如何分类？有何特点？

调整账户就是为了用来反映调整数字，以调整用来反映原始数字的被调整账户的余额，从而求得被调整账户的实际余额所设置的账户。将调整账户与被调整账户有机地联系起来，可以提供管理上所需要的某些特定指标。

在会计核算中，为了提供企业经营管理或其他方面所需要的某些特定指标，有时需要对一些会计要素中的某一具体项目用两种数字从两个不同的方面进行反映。这就需要设置两个账户，用一个账户（即被调整账户）反映原始数字，用另一个账户（即调整账户）反映调整数字。将原始数字同调整数字相加或相减，即可求得调整后的实际数额。

调整账户按其调整方式的不同，可以分为备抵账户、附加账户和备抵附加账户三类。

调整账户的特点是：①调整账户与被调整账户所反映的经济内容相同，被调整账户反映会计要素中某个项目的原始数字，而调整账户反映对同一项目原始数字的调整数字；②调整的方式是用原始数字加上或减去调整数字，借以求得具有特定含义的被调整账户的实际数字；③调整账户不能离开被调整账户而独立存在，有被调整账户才会有调整账户，有调整账户就有被调整账户。

14.作为调整账户，“累计折旧”“坏账准备”“利润分配”“材料成本差异”账户各自是怎样具体地发挥其调整账户的作用的？

“累计折旧”账户是“固定资产”账户的备抵账户。“固定资产”账户期末借方余额表示期末固定资产的原始价值；“累计折旧”账户期末贷方余额表示截至期末止累计已提折旧额。用“固定资产”账户借方余额减去“累计折旧”账户贷方余额，其差额表示期末固定资产的净值。

“坏账准备”账户是“应收账款”账户的备抵账户。“应收账款”账户期末借方余额表示期末应收账款的原始数字；“坏账准备”账户期末贷方余额表示已按应收账款余额的一定比例提取的坏账准备。用“应收账款”账户借方余额减去“坏账准备”账户贷方余额，其差额表示期末应收账款的账面价值。

“利润分配”账户是“本年利润”账户的备抵账户。“本年利润”账户期末贷方余额表示截至期末止累计实现的净利润；“利润分配”账户期末借方余额表示截至期末止累计已分配的利润总额。用“本年利润”账户贷方余额减去“利润分配”账户借方余额，其差额表示企业期末实际利润数（未分配利润）。

“材料成本差异”账户是“原材料”账户的备抵附加账户。在按计划成本进行材料日常核算的企业，“原材料”账户期末余额总是在借方，表示期末库存材料的计划成本；而“材料成本差异”账户的期末余额则可能在贷方，也可能在借方，若为贷方余额，表示期末库存材料的节约差异，若为借方余额，则表示期末库存材料的超支差异。当“材料成本差异”账户为贷方余额时，用“原材料”账户借方余额减去“材料成本差异”账户贷方余额，其差额表示期末库存材料的实际成本；当“材料成本差异”账户为借方余额时，用“原材料”账户借方余额加上“材料成本差异”账户借方余额，其合计数表示期末库存材料的实际成本。

七、业务题

习题8-1-7 练习筹集资金和增添固定资产的交易或事项的账务处理

（1）借：银行存款	350 000	
固定资产	130 000	
贷：实收资本		480 000
（2）借：无形资产	250 000	
贷：实收资本		250 000
（3）借：固定资产	55 000	
贷：实收资本		55 000
（4）借：库存现金	512 000	
贷：实收资本		500 000
资本公积——资本溢价		12 000

	借方	贷方
（5）借：应付账款——银材公司	180 000	
贷：实收资本		180 000
（6）借：资本公积	80 000	
贷：实收资本		80 000
（7）借：盈余公积	26 000	
贷：实收资本		26 000
（8）借：银行存款	80 000	
贷：短期借款		80 000
（9）借：固定资产	68 000	
贷：银行存款		68 000
（10）借：固定资产	37 500	
应交税费——应交增值税（进项税额）	4 815	
贷：银行存款		42 315
（11）借：财务费用——利息费用	480	
贷：应付利息		480

习题 8-2-8　练习材料采购交易或事项的账务处理和材料采购成本的计算

	借方	贷方
（1）借：材料采购——甲材料	15 000	
应交税费——应交增值税（进项税额）	1 950	
贷：银行存款		16 950
（2）借：材料采购——甲材料	750.00	
应交税费——应交增值税（进项税额）	67.50	
贷：银行存款		7 567.50
（3）借：原材料——甲材料	15 750	
贷：材料采购——甲材料		15 750
（4）借：材料采购——乙材料	4 000	
应交税费——应交增值税（进项税额）	520	
贷：银行存款		4 520
（5）借：材料采购——乙材料	150.00	
应交税费——应交增值税（进项税额）	13.50	
贷：库存现金		163.50
（6）借：原材料——乙材料	4 150	
贷：材料采购——乙材料		4 150
（7）-①借：材料采购——乙材料	20 750.00	
应交税费——应交增值税（进项税额）	2 667.50	
贷：预付账款——华康公司		23 417.50
（7）-②借：原材料——乙材料	20 750	
贷：材料采购——乙材料		20 750
（8）借：材料采购	25 050.00	
——甲材料　12 600.00		
——乙材料　12 450.00		
应交税费——应交增值税（进项税额）	3 214.50	
贷：应付账款——润丰公司		28 264.50

运杂费和装卸费分配率=（700+350）÷（4+3）=150（元/吨）

甲材料应分配的运杂费和装卸费=4×150 = 600（元）

乙材料应分配的运杂费和装卸费=3×150 = 450（元）

(9) 借：原材料 25 050

——甲材料 12 600

——乙材料 12 450

贷：材料采购 25 050

——甲材料 12 600

——乙材料 12 450

(10) 借：预付账款——华康公司 50 000

贷：银行存款 50 000

(11) 借：应付账款——润丰公司 29 130

贷：银行存款 29 130

(12) 借：材料采购——甲材料 18 000

应交税费——应交增值税（进项税额） 2 340

贷：银行存款 20 340

(13) -①借：材料采购——甲材料 900

应交税费——应交增值税（进项税额） 81

贷：银行存款 981

(13) -②借：原材料——甲材料 18 900

贷：材料采购——甲材料 18 900

(14) 借：材料采购——乙材料 8 300

应交税费——应交增值税（进项税额） 1 067

贷：银行存款 9 367

总分类账户

会计科目：材料采购　　　　单位：元

年		凭证		摘要	借方	贷方	借或贷	余额
月	日	字	号					
11	3		(1)	购入甲材料货款	15 000		借	15 000
	4		(2)	支付甲材料运杂费	750		借	15 750
	5		(3)	结转甲材料实际成本		15 750	平	0
	12		(4)	购入乙材料货款	4 000		借	4 000
	15		(5)	支付乙材料运杂费	150		借	4 150
	16		(6)	结转乙材料实际成本		4 150	平	0
	18		(7) -①	购入乙材料货款、运杂费	20 750		借	20 750
	18		(7) -②	结转乙材料实际成本		20 750	平	0
	21		(8)	购入甲、乙材料货款、运杂费	25 050		借	25 050
	22		(9)	结转甲、乙材料实际成本		25 050	平	0
	26		(12)	购入甲材料货款	18 000		借	18 000
	28		(13) -①	支付甲材料运杂费	900		借	18 900
	28		(13) -②	结转甲材料实际成本		18 900	平	0
	30		(14)	购入乙材料货款、运杂费	8 300		借	8 300
11	30			本期发生额及余额	92 900	84 600	借	8 300

材料采购明细分类账户

二级或明细科目：甲材料　　　　单位：元

年		凭证		摘　要	借方			贷　方	借或贷	余　额
月	日	字	号		买价	运杂费	合计			
11	3		（1）	5吨货款	15 000		15 000		借	15 000
	4		（2）	支付运杂费		750	750		借	15 750
	5		（3）	结转5吨成本				15 750	平	0
	21		（8）	4吨采购支出	12 000	600	12 600		借	12 600
	22		（9）	结转4吨成本				12 600	平	0
	26		（12）	6吨货款	18 000		18 000		借	18 000
	28		（13）-①	支付运杂费		900	900		借	18 900
	28		（13）-②	结转6吨成本				18 900	平	0
11	30			本期发生额及余额	45 000	2 250	47 250	47 250	平	0

二级或明细科目：乙材料　　　　单位：元

年		凭证		摘　要	借方			贷　方	借或贷	余　额
月	日	字	号		买价	运杂费	合计			
11	12		（4）	1吨货款	4 000		4 000		借	4 000
	15		（5）	支付运杂费		150	150		借	4 150
	16		（6）	结转1吨成本				4 150	平	0
	18		（7）-①	5吨采购支出	20 000	750	20 750		借	20 750
	18		（7）-②	结转5吨成本				20 750	平	0
	21		（8）	3吨采购支出	12 000	450	12 450		借	12 450
	22		（9）	结转3吨成本				12 450	平	0
	30		（14）	2吨采购支出	8 000	300	8 300		借	8 300
11	30			本期发生额及余额	44 000	1 650	45 650	37 350	借	8 300

材料采购成本计算表

××××年11月　　　　单位：元

材料采购成本项目	甲材料（15吨）		乙材料（9吨）		总成本合计
	总成本	单位成本	总成本	单位成本	
买价	45 000	3 000	36 000	4 000	81 000
运杂费	2 250	150	1 350	150	3 600
合计（采购成本）	47 250	3 150	37 350	4 150	84 600

习题8-3-9 练习商品生产交易或事项的账务处理

（1）借：生产成本　　35 000

　　　　制造费用　　5 000

　　　　管理费用　　1 000

　　贷：原材料　　41 000

　　　　——A材料　25 000

　　　　——B材料　16 000

（2）-①借：库存现金 29 000

贷：银行存款 29 000

（2）-②借：应付职工薪酬 29 000

贷：库存现金 29 000

（3）借：生产成本 20 000

制造费用 4 000

管理费用 5 000

贷：应付职工薪酬 29 000

（4）-①借：应付职工薪酬 4 060

贷：银行存款 4 060

（4）-②借：生产成本 2 800

制造费用 560

管理费用 700

贷：应付职工薪酬 4 060

（5）借：生产成本 21 500.00

制造费用 2 000.00

管理费用 1 180.00

应交税费——应交增值税（进项税额） 3 208.40

贷：银行存款 27 888.40

（6）借：制造费用 2 900

管理费用 1 800

贷：累计折旧 4 700

（7）借：财务费用——利息费用 1 700

贷：应付利息 1 700

（8）借：管理费用 3 000

应交税费——应交增值税（进项税额） 390

贷：银行存款 3 390

（9）借：制造费用 500

应交税费——应交增值税（进项税额） 65

贷：银行存款 565

（10）借：制造费用 40

贷：库存现金 40

（11）借：生产成本 15 000

贷：制造费用 15 000

（12）借：库存商品 94 300

贷：生产成本 94 300

制造费用

(1)	5 000	(11)	15 000
(3)	4 000		
(4)	560		
(5)	2 000		
(6)	2 900		
(9)	500		
(10)	40		
本期发生额	15 000	本期发生额	15 000
期末余额	0		

生产成本

(1)	35 000	(12)	94 300
(3)	20 000		
(4)	2 800		
(5)	21 500		
(11)	15 000		
本期发生额	94 300	本期发生额	94 300
期末余额	0		

习题8-4-10 继续练习商品生产交易或事项的账务处理

(1) 借：制造费用 20

管理费用 80

贷：库存现金 100

(2) 借：生产成本 97 200

——甲产品 73 915

——乙产品 23 285

贷：原材料 97 200

(3) 借：制造费用 1 780

管理费用 920

应交税费——应交增值税（进项税额） 351

贷：银行存款 3 051

(4) 借：生产成本 67 000

——甲产品 40 000

——乙产品 27 000

制造费用 3 000

管理费用 200

贷：原材料 70 200

(5) 借：管理费用 540.00

应交税费——应交增值税（进项税额） 48.60

贷：银行存款 588.60

(6) 借：库存现金 63 800

贷：银行存款 63 800

(7) 借：应付职工薪酬 63 800

贷：库存现金 63 800

(8) 借：制造费用 650.00

管理费用 530.00

应交税费——应交增值税（进项税额） 106.20

贷：银行存款 1 286.20

(9) 借：生产成本 52 000

——甲产品 30 000

——乙产品 22 000

制造费用 7 000

管理费用 4 800

贷：应付职工薪酬 63 800

(10) 借：应付职工薪酬 8 932

贷：银行存款 8 932

(11) 借：生产成本 7 280

——甲产品 4 200

——乙产品 3 080

制造费用 980

管理费用 672

贷：应付职工薪酬 8 932

(12) 借：制造费用 2 170

管理费用 530

贷：累计折旧 2 700

(13）借：管理费用　160.00

　　应交税费——应交增值税（进项税额）　20.80

　　贷：银行存款　180.80

(14）借：财务费用——利息费用　1 420

　　贷：应付利息　1 420

(15）

制造费用分配表

××××年6月30日

单位：元

分配对象（产品名称）	分配标准（生产工人工资）	分配率	分配金额
甲产品	30 000	0.30	9 000
乙产品	22 000	0.30	6 600
合计	52 000	—	15 600

借：生产成本　15 600

　　——甲产品　9 000

　　——乙产品　6 600

贷：制造费用　15 600

(16）借：库存商品　239 080

　　——甲产品　157 115

　　——乙产品　81 965

　　贷：生产成本　239 080

　　——甲产品　157 115

　　——乙产品　81 965

(17）借：应付利息　4 260

　　贷：银行存款　4 260

总分类账户

会计科目：制造费用

单位：元

年		凭证		摘要	借方	贷方	借或贷	余额
月	日	字	号					
6			(1)	零星杂费	20		借	20
			(3)	办公费	1 780		借	1 800
			(4)	车间一般耗料	3 000		借	4 800
			(8)	水电费	650		借	5 450
			(9)	车间管理人员工资	7 000		借	12 450
			(11)	车间管理人员福利费	980		借	13 430
			(12)	固定资产折旧费	2 170		借	15 600
			(15)	结转本月制造费用		15 600	平	0
				本期发生额及余额	15 600	15 600	平	0

会计科目：生产成本 单位：元

年		凭证		摘要	借方	贷方	借或贷	余额
月	日	字	号					
6			(2)	生产耗料	97 200		借	97 200
			(4)	生产耗料	67 000		借	164 200
			(9)	生产工人工资	52 000		借	216 200
			(11)	生产工人福利费	7 280		借	223 480
			(15)	转入制造费用	15 600		借	239 080
			(16)	结转完工产品生产成本		239 080	平	0
				本期发生额及余额	239 080	239 080	平	0

生产成本明细分类账户

二级或明细科目：甲产品 单位：元

年		凭证		摘要	借方（成本项目）				贷方	借或贷	余额
月	日	字	号		直接材料费	直接人工费	制造费用	合计			
6			(2)	生产耗料	73 915			73 915		借	73 915
			(4)	生产耗料	40 000			40 000		借	113 915
			(9)	生产工人工资		30 000		30 000		借	143 915
			(11)	生产工人福利费		4 200		4 200		借	148 115
			(15)	转入制造费用			9 000	9 000		借	157 115
			(16)	结转完工产品生产成本					157 115	平	0
				本期发生额及余额	113 915	34 200	9 000	157 115	157 115	平	0

二级或明细科目：乙产品 单位：元

年		凭证		摘要	借方（成本项目）				贷方	借或贷	余额
月	日	字	号		直接材料费	直接人工费	制造费用	合计			
6			(2)	生产耗料	23 285			23 285		借	23 285
			(4)	生产耗料	27 000			27 000		借	50 285
			(9)	生产工人工资		22 000		22 000		借	72 285
			(11)	生产工人福利费		3 080		3 080		借	75 365
			(15)	转入制造费用			6 600	6 600		借	81 965
			(16)	结转完工产品生产成本					81 965	平	0
				本期发生额及余额	50 285	25 080	6 600	81 965	81 965	平	0

完工产品生产成本计算表

××××年6月30日　　　　单位：元

成本项目	甲产品（100件）		乙产品（50件）		总成本合计
	总成本	单位成本	总成本	单位成本	
直接材料费	113 915	1 139.15	50 285	1 005.70	164 200
直接人工费	34 200	342.00	25 080	501.60	59 280
制造费用	9 000	90.00	6 600	132.00	15 600
合计	157 115	1 571.15	81 965	1 639.30	239 080

习题8-5-11 练习商品销售交易或事项的账务处理

	借方	贷方
（1）借：销售费用	10 000	
应交税费——应交增值税（进项税额）	600	
贷：银行存款		10 600
（2）借：应收账款	62 150	
贷：主营业务收入		55 000
应交税费——应交增值税（销项税额）		7 150
（3）借：银行存款	28 250	
贷：主营业务收入		25 000
应交税费——应交增值税（销项税额）		3 250
（4）借：预收账款	16 950	
贷：主营业务收入		15 000
应交税费——应交增值税（销项税额）		1 950
（5）借：银行存款	60 000	
贷：应收账款		60 000
（6）借：银行存款	80 000	
贷：预收账款		80 000
（7）借：银行存款	18 645	
贷：主营业务收入		16 500
应交税费——应交增值税（销项税额）		2 145
（8）借：销售费用	1 350.00	
应交税费——应交增值税（进项税额）	121.50	
贷：银行存款		13 621.50
（9）借：主营业务成本	52 033	
贷：库存商品		52 033
——A产品　28 577		
——B产品　23 456		
（10）借：税金及附加	7 000	
贷：应交税费		7 000
——应交城市维护建设税　4 900		
——应交教育费附加　2 100		
（11）-①借：主营业务收入	111 500	
贷：本年利润		111 500
（11）-②借：本年利润	70 383	
贷：主营业务成本		52 033
销售费用		11 350
税金及附加		7 000

习题8-6-12 练习期间费用和营业外收支的账务处理

(1) 借：其他应收款——刘金平 1 500

贷：银行存款 1 500

(2) 借：财务费用——利息费用 120

贷：银行存款 120

(3) 借：生产成本 61 000

制造费用 4 300

管理费用 2 000

贷：原材料 67 300

(4) 借：制造费用 2 000

管理费用 3 200

应交税费——应交增值税（进项税额） 676

贷：银行存款 5 876

(5) 借：营业外支出 15 000

贷：银行存款 15 000

(6) 借：生产成本 29 000

制造费用 4 000

管理费用 2 000

应交税费——应交增值税（进项税额） 3 150

贷：银行存款 38 150

(7) 借：销售费用 28 960.00

应交税费——应交增值税（进项税额） 1 737.60

贷：银行存款 30 697.60

(8) 借：管理费用 1 580

贷：其他应收款——刘金平 1 500

库存现金 80

(9) 借：营业外支出 1 000

贷：库存现金 1 000

(10) 借：管理费用 1 180.00

应交税费——应交增值税（进项税额） 70.80

贷：银行存款 1 250.80

(11) 借：生产成本 30 000

制造费用 5 000

管理费用 7 500

贷：应付职工薪酬 42 500

(12) 借：应付职工薪酬 5 950

贷：银行存款 5 950

(13) 借：生产成本 4 200

制造费用 700

管理费用 1 050

贷：应付职工薪酬 5 950

(14) 借：其他应付款——红星公司 6 000

贷：营业外收入 6 000

(15) 借：其他应收款——曾治音 3 000

贷：银行存款 3 000

(16) 借：应付账款——白云工厂 800

贷：营业外收入 800

（17）借：管理费用　2 040.00

　　应交税费——应交增值税（进项税额）　265.20

　贷：银行存款　2 305.20

（18）借：财务费用——利息费用　800

　贷：应付利息　800

（19）借：制造费用　4 120

　　管理费用　3 700

　贷：累计折旧　7 820

（20）借：银行存款　380

　贷：财务费用——利息收入　380

（21）-①借：营业外收入　6 800

　贷：本年利润　6 800

（21）-②借：本年利润　69 750

　贷：销售费用　28 960

　　管理费用　24 250

　　财务费用　540

　　营业外支出　16 000

习题8-7-13 练习财产清查交易或事项的账务处理

（1）借：待处理财产损溢——待处理固定资产损溢　2 600

　　累计折旧　3 900

　贷：固定资产　6 500

（2）借：原材料——甲材料　500

　贷：待处理财产损溢——待处理流动资产损溢　500

（3）借：待处理财产损溢——待处理流动资产损溢　3 000

　贷：库存商品——B产品　3 000

（4）借：待处理财产损溢——待处理流动资产损溢　10 000

　贷：库存商品——A产品　10 000

（5）借：待处理财产损溢——待处理流动资产损溢　20

　贷：库存现金　20

（6）借：营业外支出　1 000

　　其他应收款——林城市保险公司　1 600

　贷：待处理财产损溢——待处理固定资产损溢　2 600

（7）借：待处理财产损溢——待处理流动资产损溢　500

　贷：管理费用　500

（8）借：管理费用　2 800

　　其他应收款——夏丹　200

　贷：待处理财产损溢——待处理流动资产损溢　3 000

（9）借：其他应收款——林城市保险公司　7 000

　　营业外支出　3 000

　贷：待处理财产损溢——待处理流动资产损溢　10 000

（10）借：其他应收款——花凯丰　20

　贷：待处理财产损溢——待处理流动资产损溢　20

（11）借：应付账款——旭东工厂　600

　贷：营业外收入　600

习题8-8-14 练习经营成果交易或事项的账务处理

（1）-①借：主营业务收入	558 121	
营业外收入	4 200	
贷：本年利润		562 321
（1）-②借：本年利润	508 000	
贷：主营业务成本		465 000
销售费用		5 000
税金及附加		27 100
管理费用		9 500
财务费用		400
营业外支出		1 000
（2）-①借：所得税费用	13 580.25	
贷：应交税费——应交企业所得税		13 580.25
（2）-②借：本年利润	13 580.25	
贷：所得税费用		13 580.25
（3）借：利润分配——提取法定盈余公积	47 334.50	
贷：盈余公积——法定盈余公积		47 334.50
（4）借：利润分配——提取任意盈余公积	75 735.20	
贷：盈余公积——任意盈余公积		75 735.20
（5）借：利润分配——应付现金股利	250 000	
贷：应付股利		250 000
（6）借：本年利润	473 345	
贷：利润分配——未分配利润		473 345
（7）借：利润分配——未分配利润	373 069.70	
贷：利润分配		373 069.70
——提取法定盈余公积　47 334.50		
——提取任意盈余公积　75 735.20		
——应付现金股利　250 000.00		
（8）借：应交税费——应交企业所得税	13 580.25	
贷：银行存款		13 580.25
（9）借：应付股利	250 000	
贷：银行存款		220 000
库存现金		30 000

习题8-9-15 继续练习商品销售和经营成果交易或事项的账务处理

（18）借：销售费用	4 000	
应交税费——应交增值税（进项税额）	240	
贷：银行存款		4 240
（19）借：其他应收款——唐桂芳	1 000	
贷：银行存款		1 000
（20）借：银行存款	108 480	
贷：主营业务收入		96 000
应交税费——应交增值税（销项税额）		12 480
（21）借：其他应付款——CB公司	5 116	
贷：营业外收入		5 116
（22）借：管理费用	850	
库存现金	150	

贷：其他应收款——唐桂芳 1 000

(23) 借：应收账款——BS公司 108 480

贷：主营业务收入 96 000

应交税费——应交增值税（销项税额） 12 480

(24) 借：营业外支出 1 118

贷：银行存款 1 118

(25) 借：银行存款 95 000

贷：应收账款——BS公司 95 000

(26) 借：预收账款——ES公司 65 088

贷：主营业务收入 57 600

应交税费——应交增值税（销项税额） 7 488

(27) 借：销售费用 500

应交税费——应交增值税（进项税额） 45

贷：银行存款 545

(28) 借：银行存款 100 000

贷：预收账款——AE公司 100 000

(29) 借：税金及附加 14 136.30

贷：应交税费 14 136.30

——应交城市维护建设税 9 895.41

——应交教育费附加 4 240.89

(30) 借：主营业务成本 122 549.70

贷：库存商品——甲产品 122 549.70

(31) 借：财务费用——利息费用 100

贷：银行存款 100

(32) 借：管理费用 1 510.00

应交税费——应交增值税（进项税额） 90.60

贷：银行存款 1 600.60

(33) 借：银行存款 900

贷：财务费用——利息收入 900

(34) 借：应付账款——ST公司 1 756

贷：营业外收入 1 756

(35) 借：坏账准备 3 500

贷：应收账款——AS公司 3 500

(36) -①借：主营业务收入 249 600

营业外收入 6 872

贷：本年利润 256 472

(36) -②借：本年利润 153 716.00

贷：主营业务成本 122 549.70

销售费用 4 500.00

税金及附加 14 136.30

管理费用 10 792.00

财务费用 620.00

营业外支出 1 118.00

(37) -①借：所得税费用 25 689

贷：应交税费——应交企业所得税 25 689

(37) -②借：本年利润 25 689

贷：所得税费用 25 689

(38) 借：应交税费——应交增值税（已交税金） 30 000

　　贷：银行存款 30 000

(39) 借：应交税费 14 136.30

　　——应交城市维护建设税 9 895.41

　　——应交教育费附加 4 240.89

　　贷：银行存款 14 136.30

(40) 借：应交税费——应交企业所得税 25 689

　　贷：银行存款 25 689

第九章

成本计算

一、填空题

1.成本项目　　直接材料费　　直接人工费　　制造费用

2.直接材料费　　直接人工费　　制造费用

3.本月发生的全部生产费用

4.一定种类和数量　　生产费用

二、判断题

1.√　　2.√　　3.×　　4.√　　5.√　　6.√

三、单项选择题

1.C　　2.B　　3.A　　4.D　　5.B

四、多项选择题

1.ABE　　2.BC　　3.CDE　　4.CDE

五、名词解释

1.成本计算对象：它是指为计算商品生产成本而确定的生产费用归集和分配的范围，是生产费用的归属对象和生产耗费的承担者，是设置商品生产成本明细分类账户、分配生产费用的前提。成本是对象化的费用，离开一定的成本计算对象，就谈不上成本计算。

2.成本计算期：它是指企业商品生产成本计算的间隔期，即多长时间计算一次商品生产成本。在一般情况下，成本计算期为一个月，即每月计算一次商品生产成本。

六、简答题

1.企业发生的生产费用是怎样计入商品生产成本的？

企业在一定会计期间的商品生产过程中发生的生产费用，应当按照成本计算对象正确地予以归集和分配，计入商品生产成本。

在以商品品种为成本计算对象的企业或车间，如果生产多种商品，由于有两个或两个以上成本计算对象，因而对发生的生产费用就应区别以下两种情况计入商品生产成本：凡是能够分清应由什么成本计算对象负担的各项直接费用，包括直接材料费、直接人工费等，应于发生时根据有关凭证直接计入各商品的生产费用明细账或成本计算单中；凡是不能分清应由什么成本计算对象负担的各项间接费用，应于发生时先在“制造费用”账户借方进行归集，月终再按一定标准和方法（如商品生产耗用工时、商品生产工人工资等）分配计入各种商品的生产成本。

2.什么是成本计算？产品生产成本计算的一般程序是怎样的？

所谓成本计算，是指以货币为统一计量尺度，将企业在生产经营过程中各个阶段所发生的各项费用，按照成本计算对象进行归集和分配，借以确定各对象的实际总成本和单位成本的一种会计核算的专门方法。

产品生产成本计算的一般程序如下：①确定成本计算对象；②确定成本计算期；③确定成本项目；④按成本计算对象正确归集和分配各种生产费用；⑤将生产费用在完工产品与在产品之间进行分配；⑥编制“完工产品生产成本计

算表”，计算完工产品的总成本和单位成本。

3.什么是成本项目？制造企业的成本项目有哪些？

成本项目是指生产费用按其经济用途分类的项目，它构成商品生产成本的内容。

根据生产特点和管理要求，制造企业一般应当设置的成本项目主要有三项：①直接材料费，就是直接生产商品所耗费的各种原材料；②直接人工费，就是直接生产商品的生产工人的工资、福利费等薪酬；③制造费用，就是企业的生产部门（车间）为组织、管理商品生产而发生的各种生产费用。其中，直接材料费和直接人工费属于直接费用，制造费用属于间接费用。

七、业务题

习题9-1-16 综合练习企业主要交易或事项的核算和商品生产成本的计算

(1) 借：固定资产 72 490.00
　　应交税费——应交增值税（进项税额） 9 284.10
　贷：银行存款 81 774.10

(2) 借：预收账款——永康药业公司 81 360
　贷：主营业务收入 72 000
　　应交税费——应交增值税（销项税额） 9 360

(3) -①借：材料采购——乙材料 66 000
　　应交税费——应交增值税（进项税额） 8 340
　贷：应付账款——红星公司 74 340

(3) -②借：原材料——乙材料 66 000
　贷：材料采购——乙材料 66 000

(4) 借：无形资产 300 000
　贷：实收资本 300 000

(5) 借：材料采购 128 700
　　——甲材料 104 700
　　——乙材料 24 000
　应交税费——应交增值税（进项税额） 16 731
　贷：银行存款 145 431

(6) -①借：材料采购 12 870.00
　　——甲材料 10 470.00
　　——乙材料 2 400.00
　应交税费——应交增值税（进项税额） 1 158.30
　贷：银行存款 14 028.30

运杂费分配率=12 870÷（104 700+24 000）=0.10

甲材料应分配运杂费=104 700×0.10=10 470（元）

乙材料应分配运杂费=24 000×0.10=2 400（元）

(6) -②借：原材料 141 570
　　——甲材料 115 170
　　——乙材料 26 400
　贷：材料采购 141 570
　　——甲材料 115 170
　　——乙材料 26 400

(7) 借：生产成本 180 576
　　——A产品 103 180
　　——B产品 77 396
　制造费用 3 960
　管理费用 3 839

贷：原材料 188 375

——甲材料 95 975

——乙材料 92 400

(8) 借：固定资产 68 000

贷：实收资本 68 000

(9) -①借：库存现金 100 000

贷：银行存款 100 000

(9) -②借：应付职工薪酬 100 000

贷：库存现金 100 000

(10) 借：其他应收款——钱泰恩 1 000

贷：银行存款 1 000

(11) 借：制造费用 800

管理费用 1 500

应交税费——应交增值税（进项税额） 299

贷：银行存款 2 599

(12) 借：制造费用 220

管理费用 300

贷：银行存款 520

(13) 借：生产成本 74 000

——A 产品 23 000

——B 产品 51 000

制造费用 10 000

管理费用 16 000

贷：应付职工薪酬 100 000

(14) 借：应付职工薪酬 14 000

贷：银行存款 14 000

(15) 借：生产成本 10 360

——A 产品 3 220

——B 产品 7 140

制造费用 1 400

管理费用 2 240

贷：应付职工薪酬 14 000

(16) 借：生产成本 60 600

——A 产品 48 600

——B 产品 12 000

制造费用 4 500

管理费用 1 500

应交税费——应交增值税（进项税额） 8 658

贷：银行存款 75 258

(17) 借：银行存款 80 000

贷：预收账款——永红药业公司 80 000

(18) 借：待处理财产损溢——待处理固定资产损溢 1 420

累计折旧 23 500

贷：固定资产 24 920

(19) 借：原材料——乙材料 1 320

贷：待处理财产损溢——待处理流动资产损溢 1 320

(20) 借：库存现金 100

贷：待处理财产损溢——待处理流动资产损溢 100

（21）借：制造费用 3 570

管理费用 1 400

贷：累计折旧 4 970

（22）借：管理费用 2 470.00

应交税费——应交增值税（进项税额） 321.10

贷：银行存款 2 791.10

（23）借：财务费用——利息费用 900

贷：应付利息 900

（24）借：生产成本 24 450

——A产品 12 000

——B产品 12 450

贷：制造费用 24 450

制造费用分配率=24 450÷（8 000+8 300）=1.50（元/小时）

A产品应分配制造费用=8 000×1.50=12 000（元）

B产品应分配制造费用=8 300×1.50=12 450（元）

（25）借：库存商品——A产品 190 000

贷：生产成本——A产品 190 000

（26）借：财务费用——利息费用 160

贷：银行存款 160

（27）借：管理费用 800

库存现金 200

贷：其他应收款——钱泰愚 1 000

（28）借：银行存款 465 786

贷：主营业务收入 412 200

应交税费——应交增值税（销项税额） 53 586

（29）借：营业外支出 921

贷：库存现金 921

（30）借：销售费用 41 159.50

应交税费——应交增值税（进项税额） 2 469.57

贷：银行存款 43 629.07

（31）借：税金及附加 3 850.50

贷：应交税费 3 850.50

——应交城市维护建设税 2 695.35

——应交教育费附加 1 155.15

（32）借：主营业务成本 242 960

贷：库存商品 242 960

——A产品 186 960

——B产品 56 000

（33）借：应付利息 2 700

贷：银行存款 2 700

（34）借：银行存款 250

贷：财务费用——利息收入 250

（35）借：其他应付款——明星公司 3 120

贷：营业外收入 3 120

（36）借：营业外支出 45 500

贷：银行存款 45 500

(37) 借：营业外支出 420
其他应收款——市保险公司 1 000
贷：待处理财产损溢——待处理固定资产损溢 1 420
(38) 借：待处理财产损溢——待处理流动资产损溢 1 320
贷：管理费用 1 320
(39) 借：待处理财产损溢——待处理流动资产损溢 100
贷：营业外收入 100
(40) 借：应付账款——斯明特公司 380
贷：营业外收入 380
(41) -①借：主营业务收入 484 200
营业外收入 3 600
贷：本年利润 487 800
(41) -②借：本年利润 364 350
贷：主营业务成本 242 960
税金及附加 3 850.50
销售费用 41 159.50
管理费用 28 729
财务费用 810
营业外支出 46 841
(42) -①借：所得税费用 375 000
贷：应交税费——应交企业所得税 375 000
(42) -②借：本年利润 375 000
贷：所得税费用 375 000
(43) 借：利润分配 565 000
——提取法定盈余公积 112 500
——提取任意盈余公积 202 500
——应付现金股利 250 000
贷：盈余公积 315 000
——法定盈余公积 112 500
——任意盈余公积 202 500
应付股利 250 000
(44) 借：本年利润 1 125 000
贷：利润分配——未分配利润 1 125 000
(45) 借：利润分配——未分配利润 565000
贷：利润分配 565 000
——提取法定盈余公积 112 500
——提取任意盈余公积 202500
——应付现金股利 250 000
(46) 借：应付股利 250 000.00
应交税费 417 355.50
——应交增值税 38 505.00
——应交城市维护建设税 2 695.35
——应交企业所得税 375 000.00
——应交教育费附加 1 155.15
贷：银行存款 667 355.50
(47) 借：资本公积 75 000
贷：实收资本 75 000

总 分 类 账 户

材料采购

(3)-①	66 000	(3)-②	66 000
(5)	128 700	(6)-②	141 570
(6)-①	12 870		
本期发生额	207 570	本期发生额	207 570
期末余额	0		

库存商品

期初余额	56 000	(32)	242 960
(25)	190 000		
本期发生额	190 000	本期发生额	242 960
期末余额	3 040		

生产成本

(7)	180 576	(25)	190 000
(13)	74 000		
(15)	10 360		
(16)	60 600		
(24)	24 450		
本期发生额	349 986	本期发生额	190 000
期末余额	159 986		

制造费用

(7)	3 960	(24)	24 450
(11)	800		
(12)	220		
(13)	10 000		
(15)	1 400		
(16)	4 500		
(21)	3 570		
本期发生额	24 450	本期发生额	24 450
期末余额	0		

本年利润

(41)-②	364 350	期初余额	1 376 550
(42)-②	375 000	(41)-①	487 800
(44)	1 125 000		
本期发生额	1 864 350	本期发生额	487 800
		期末余额	0

利润分配——未分配利润

(45)	565 000	(44)	1 125 000
本期发生额	565 000	本期发生额	1 125 000
		期末余额	560 000

生产成本明细分类账户

二级或明细科目：A产品　　　　单位：元

年		凭证		摘要	借方（成本项目）					贷方	借或贷	余额
月	日	字	号		直接材料费	直接人工费	其他直接费	制造费用	合计			
12			(7)	生产耗料	103 180				103 180		借	103 180
			(13)	生产工人工资		23 000			23 000		借	126 180
			(15)	生产工人福利费		3 220			3 220		借	129 400
			(16)	外购电费			48 600		48 600		借	178 000
			(24)	分配制造费用				12 000	12 000		借	190 000
			(25)	完工转出成本						190 000	平	0
				本期发生额及余额	103 180	26 220	48 600	12 000	190 000	190 000	平	0

二级或明细科目：B产品　　　　　　　　　　　　　　　　　　　　　　　　　　　　单位：元

年		凭证		摘　要	借方（成本项目）					贷方	借或贷	余额
月	日	字	号		直接材料费	直接人工费	其他直接费	制造费用	合计			
12			（7）	生产耗料	77 396				77 396		借	77 396
			（13）	生产工人工资		51 000			51 000		借	128 396
			（15）	生产工人福利费		7 140			7 140		借	135 536
			（16）	外购电费			12 000		12 000		借	147 536
			（24）	分配制造费用				12 450	12 450		借	159 986
				本期发生额及余额	77 396	58 140	12 000	12 450	159 986		借	159 986

完工产品生产成本计算表

202×年12月31日　　　　　　　　　　　　　　　　金额单位：元

成本项目	A产品（5 000件）	
	总成本	单位成本
直接材料费	103 180	20.636
直接人工费	26 220	5.244
其他直接费	48 600	9.720
制造费用	12 000	2.400
合　计	190 000	38.000

第十章

会计凭证

一、填空题

1.填制程序　用途

2.自制原始凭证（或自制凭证）　外来原始凭证（或外来凭证）

3.实际发生或完成的交易或事项　账簿记录

4.会计人员　审核无误的原始凭证或汇总原始凭证

5.汇总式记账凭证　非汇总记账凭证

6.汇总方法　汇总收款凭证　汇总付款凭证　汇总转账凭证　记账凭证汇总表（或科目汇总表）

7.借方科目　贷方科目

8.货币资金收付　收到原始凭证

二、判断题

1.×　2.√　3.√　4.×　5.×　6.×　7.×　8.√　9.√　10.√　11.×　12.×　13.√　14.√　15.√　16.×　17.×　18.×　19.×　20.√　21.×　22.√　23.×　24.×　25.√　26.×　27.×　28.×　29.√　30.√　31.×　32.×　33.√

三、单项选择题

1.C　2.A　3.C　4.B　5.D　6.A　7.B　8.B　9.C　10.C　11.B　12.D　13.B　14.C　15.D　16.D　17.C　18.B　19.C　20.C　21.C　22.A

四、多项选择题

1.ACDE　2.BE　3.BCDE　4.BCDE　5.ABDE　6.BCDE　7.ABC　8.DE　9.ADE　10.ABC　11.ABC　12.ABCD　13.BCDE　14.ABDE　15.DE　16.ABCE　17.BDE　18.AE　19.CD　20.BCDE　21.ACDE　22.AC　23.BE

五、名词解释

1.累计凭证：其是指在一定时期内连续记载若干项同类交易或事项的会计凭证。这类凭证的填制手续是随着交易或事项的发生而分次进行的，如“限额领料单”等。累计凭证的使用可以减少凭证数量，简化凭证填制手续。

2.汇总原始凭证：其也称原始凭证汇总表，是指为了集中反映某项交易或事项的总括情况，并简化记账凭证的填制工作，将一定时期内若干记录同类交易或事项的原始凭证汇总编制的原始凭证，如“现金收入汇总表”“工资发放汇总表”“发料凭证汇总表”等。汇总原始凭证所汇总的内容，只能是同类交易或事项，不能是两类或两类以上的交易或事项。

3.记账编制凭证：其是指不是以实际发生或完成的交易或事项为依据，而是根据账簿记录把某一类交易或事项加以归类、整理而重新编制的自制原始凭证。例如，在计算产品成本时，根据制造费用明细账的记录数字编制的“制造费用分配表”就是一种记账编制凭证。

4.单式记账凭证：其也称单科目记账凭证，要求将某项交易或事项所涉及的每个会计科目分别填制记账凭证，每张记账凭证只填列一个会计科目，其对方科目只供参考，不凭以记账。

5. 复式记账凭证：其也称多科目记账凭证，是指按照将一项交易或事项的会计分录涉及的两个或两个以上会计科目集中登记在一张凭证上的要求所填制的记账凭证。实际工作中使用的专用记账凭证（收款凭证、付款凭证、转账凭证）和通用记账凭证，均属于复式记账凭证。

6. 会计凭证传递：其是指会计凭证在从取得或填制时起到归档保管时止的整个过程中，在本单位内部各有关部门和人员之间按照规定的时间和路线进行传递的程序。它是会计制度的组成部分。

六、简答题

1. 何为会计凭证？为什么说填制和审核凭证是会计核算工作的起点？填制和审核凭证的意义何在？

会计凭证，简称凭证，是记录经济交易或事项、明确经济责任并据以登记会计账簿的书面证明。

一切会计记录都必须有真凭实据，使会计核算资料具有客观性，这是会计核算必须遵循的原则，也是会计核算区别于其他经济管理的重要特点。任何企事业单位，每天都要发生大量的交易或事项，为了保证会计信息的真实可靠，对每一项交易或事项，都必须由办理该项交易或事项的有关人员填制适当的会计凭证，并在凭证上签章，以证明交易或事项的存在，对交易或事项的真实性负责；同时，会计人员要对会计凭证的合法性、合理性等进行审核，只有经过审核无误的会计凭证，才能作为记账的依据。可见，填制和审核会计凭证是会计核算工作的起点。

填制和审核会计凭证是会计核算的一种基本方法，是会计核算工作的起点，也是对企业单位经济活动实施会计监督的重要环节。它在会计核算中的重要意义归纳起来主要有：①通过填制凭证，可以正确、及时地反映各项交易或事项的发生和完成情况；②通过审核凭证，可以发挥会计的监督作用；③通过填制和审核凭证，可以加强经营管理上的责任制；④通过填制和审核凭证，可以为登记账簿提供真凭实据。

2. 怎样对会计凭证进行分类？

会计凭证按其填制程序和用途分为原始凭证和记账凭证两大类。

原始凭证按其来源不同，分为自制原始凭证和外来原始凭证。其中，自制原始凭证按其填制手续不同，又分为一次凭证、累计凭证、记账编制凭证和汇总原始凭证四种；而外来原始凭证按其填制手续看，都是一次凭证。

记账凭证按其包括的会计科目是否单一，分为复式记账凭证和单式记账凭证。其中，复式记账凭证按其适用的范围，分为专用记账凭证和通用记账凭证；专用记账凭证按其记录的交易或事项与货币资金的收付有无联系，又分为收款凭证、付款凭证、转账凭证三种。

会计凭证的上述分类如图 10-1 所示：

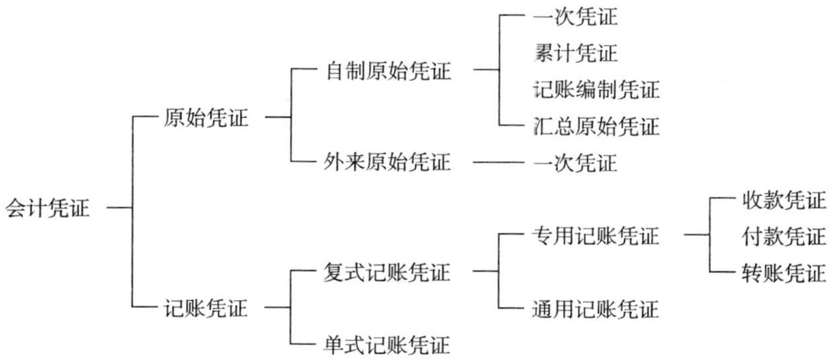

图 10-1　会计凭证的分类

3. 填制原始凭证的基本要求有哪些？

原始凭证是具有法律效力的证明文件，因此，原始凭证的填制必须符合一定规范。填制原始凭证的基本要求有：①真实可靠，即如实填列交易或事项内容，不弄虚作假，不涂改、挖补，凭证上的日期、交易或事项的内容、所有数据必须真实可靠，经办人员和有关部门的负责人都要在凭证上签名、盖章，对凭证的真实性、正确性负责。②内容完整，即应该填写的项目要逐项填写，不可缺漏，应注意年、月、日要按填制原始凭证的实际日期填写；名称要齐全，不能简化；品名或用途要填写明确，不能含糊不清；有关人员签章要齐全。③书写清楚，即字迹端正、文字工整、易于辨认，不使用未经国务院颁布的简化字，不草、不乱、不串格串行。④填制及时，即当一项交易或事项发生或完成时，要立即填制原始凭证，做到不积压、不误时、不事后补制。

4.何为原始凭证？怎样审核原始凭证？

原始凭证，也称单据，是在交易或事项发生或完成时取得、填制的，用以记录、证明交易或事项的发生、完成情况，并作为记账原始依据的会计凭证，是会计核算的重要原始资料。原始凭证是在交易或事项发生过程中直接产生的，是交易或事项的最初证明，在法律上具有较强的证明效力。

为了保证原始凭证的合法性、合理性、真实性，更有效地发挥会计工作的监督作用，维护财经纪律，对原始凭证必须严格审查。审查内容主要是：①审核其合法性；②审核其正确性；③审核其完整性。

会计机构和会计人员必须认真执行《中华人民共和国会计法》所赋予的职责、权限，坚守制度，坚持原则，按照国家统一的会计制度的规定对原始凭证进行审核。审核原始凭证时，对于违反国家财经政策和制度规定的开支，应拒绝付款和报销；对于不真实、不合法的原始凭证不予受理，同时应当予以扣留，并向单位负责人报告，请求查明原因，追究当事人的责任；对记载不准确、不完整，手续不完备，数字有差错的原始凭证，应当予以退回，并要求按照国家统一的会计制度的规定更正、补充。

只有经过审核无误的原始凭证，才能作为编制记账凭证和登记账簿的依据。

5.何为记账凭证？怎样审核记账凭证？

记账凭证是由会计人员根据审核无误的原始凭证或汇总原始凭证填制，用来确定交易或者事项应借、应贷的会计科目和金额（即会计分录），以作为记账直接依据的会计凭证。

为了保证记账凭证的正确性，必须建立记账凭证填制、审核的责任制度，配备业务熟练、认真负责的会计人员做好记账凭证审核工作。记账凭证的审核内容主要包括：①记账凭证是否附有合法的原始凭证、汇总原始凭证，其张数、金额、内容与记账凭证是否相符；②记账凭证所确定的应借、应贷会计科目和金额（即会计分录）是否正确，一级科目金额与所属明细科目金额之和是否相等；③记账凭证应填的各项内容是否填写清楚、齐备，有关人员是否签名盖章。

在记账凭证审核过程中，如果发现差错，应当查明原因，并采用划线更正法及时予以更正或重新填制。如果发现已经登记入账的记账凭证出现差错，应当采用相应的错账更正方法连同错账一同更正。

只有经过审核无误的记账凭证，才能据以登记账簿。

七、业务题

习题10-1-17 练习专用记账凭证的使用方法

[银行存款付款凭证]

（1）借：其他应收款——李君泽 2 000
　　贷：银行存款 2 000

[现金付款凭证]

（2）借：制造费用 500
　　　　管理费用 400
　　贷：库存现金 900

[现金收款凭证]

（3）-①借：库存现金 200
　　贷：其他应收款——李君泽 200

[转账凭证]

（3）-②借：管理费用 1 800
　　贷：其他应收款——李君泽 1 800

[银行存款付款凭证]

（4）借：库存现金 185 000
　　贷：银行存款 185 000

[银行存款收款凭证]

（5）借：银行存款 158 200
　　贷：主营业务收入 140 000
　　　　应交税费——应交增值税（销项税额） 18 200

［转账凭证］

（6）借：制造费用 3 758

管理费用 2 600

贷：累计折旧 6 358

［现金付款凭证］

（7）借：银行存款 5 000

贷：库存现金 5 000

第十一章

会计账簿

一、填空题

1.库存现金日记账　银行存款日记账
2.订本式账簿　订本式账簿　活页式账簿　卡片式账簿
3.现金收款　现金付款　银行存款付款
4.银行存款收款　银行存款付款　现金付款
5.三栏式　多栏式
6.原始凭证　汇总原始凭证　记账凭证
7.账证核对　账账核对　账实核对
8.财产清查
9.划线更正法　红字更正法　补充登记法
10.红字全额冲销法　红字差额冲销法
11.红字更正法　两
12.全面清查　局部清查　定期清查　不定期清查
13.组织准备　业务准备
14.实地盘点法　技术推算法
15.实地盘点　与开户银行核对账目
16.询证核对　核对账目
17.库存现金盘点报告表　盘存单　实存账存对比表
18.未达账项
19.对方已收款而本身未收款　对方已付款而本身未付款
20.双方记账相符　企业当时实际可以动用的银行存款

二、判断题

1.√　2.×　3.×　4.×　5.√　6.√　7.×　8.√　9.×　10.×　11.√　12.√　13.√　14.√　15.×　16.×　17.×　18.×　19.√　20.×　21.×　22.√　23.×　24.×　25.×　26.√　27.√　28.×　29.√　30.√　31.×　32.×　33.√　34.×　35.√　36.×　37.×　38.×　39.√　40.×　41.×　42.×　43.√　44.×

三、单项选择题

1.C　2.D　3.B　4.C　5.A　6.C　7.D　8.B　9.C　10.D　11.D　12.C　13.D　14.C　15.A　16.C　17.D　18.A　19.D　20.C　21.B　22.C　23.C　24.D　25.A　26.C　27.D　28.B　29.C

四、多项选择题

1.ADE　2.ADE　3.BDE　4.CDE　5.ABCDE　6.CD　7.CDE　8.BCD　9.BCDE　10.ABCDE　11.ABE　12.ACD　13.ABC　14.BCE　15.CD　16.BC　17.ABCDE　18.ABCDE　19.BCDE　20.CE

21.ACE　22.ACDE　23.CD　24.AB　25.ABCD　26.BC　27.ACDE　28.CD　29.DE　30.ABCDE
31.BDE　32.BCDE　33.ACDE

五、名词解释

1.序时账簿：其亦称日记账，是按照交易或事项发生的时间先后顺序逐日逐笔登记交易或事项的账簿，按其记录内容的不同又分为专用日记账和通用日记账两种。

2.特种日记账：其也称专用日记账，是专门用来登记某一类交易或事项发生情况的日记账。它将某一类交易或事项按其发生的先后顺序逐日逐笔登记入账，反映某一特定项目的详细情况。各单位采用的专用日记账主要有库存现金日记账和银行存款日记账。

3.普通日记账：其也称通用日记账，是用来登记企业单位全部交易或事项会计分录的日记账。在这种日记账中，根据全部交易或事项发生的顺序，逐日逐项编制会计分录，因而这种日记账也称为分录日记账或分录簿。

4.备查账簿：其又称辅助账簿，是对某些不能在日记账和分类账中记录的经济事项或记录不全的交易或事项进行补充登记，以便为某些交易或事项的经营决策提供必要的参考资料的账簿，如以经营租赁方式租入固定资产的登记簿等。

5.对账：其是指为确保账证相符、账账相符、账实相符而对账簿记录的正确与否进行核对的工作，简单地说就是核对账目。

6.永续盘存制：其亦称账面盘存制，就是平时对实物资产的增加和减少都要根据相应的会计凭证在账簿中连续进行登记，并随时结出账面余额的一种管理制度。

7.实地盘存制：其是指平时只在账簿中登记实物资产的增加数，不登记减少数，也不结计账面余额，期末通过实地盘点确定实物资产的实存数，并将这一实存数作为账面结存数，然后据以倒挤本期减少数，再据以登记账簿的一种管理制度。

六、简答题

1.什么是账簿？设置和登记账簿的意义何在？

会计账簿简称账簿，是按照会计科目开设账户、账页，用来序时地、分类地登记一定时期全部交易或事项的簿籍。设置和登记账簿，是对会计信息进行加工整理的一种专门方法，是会计核算工作的一个重要环节。

设置和登记账簿的意义可概括为：①账簿是系统地归纳和积累会计核算资料的工具；通过登记账簿，把分散的核算资料系统化，全面、完整地反映资金的增减变动情况，为经济管理提供总括和明细的核算指标，监督各项财产的妥善保管，促进资金的合理使用。②账簿提供的核算资料是进行成本计算和编制财务会计报告的依据。成本计算、财务会计报告编制是否正确、及时，都与账簿设置和登记质量有密切关系。③利用账簿所提供的核算资料，可以开展会计分析和会计检查，以便考核计划完成情况，评价企业经营成果的好坏，改善经营管理。

2.企业单位已经取得和填制会计凭证，为什么还要设置和登记各种账簿？

在会计核算工作中，对每一项交易或事项，都必须取得和填制会计凭证。一个企业单位一定时期内发生的各项交易或事项虽然可以反映在会计凭证中，但是会计凭证数量众多，零星分散，每张凭证只能各自反映不同的交易或事项，说明个别交易或事项的内容，而不能连续（序时）、系统（分类）、全面地反映一个企业单位一定时期内每一类交易或事项和全部交易或事项的发生、完成情况，不能满足经济管理的需要。因此，有必要设置和登记各种账簿，以便把会计凭证反映的数量众多而又零星分散的会计资料加以归类整理，登记入账，从而了解一定时期内发生的每一类交易或事项和全部交易或事项的情况，连续、系统、全面地为经济管理提供各种必要的数据资料和经济信息。也正因如此，设置和登记账簿就成了会计核算工作不可缺少的一个重要环节。

3.明细分类账常用的格式有哪几种？各适用于哪些明细账账户？

在实际工作中，明细账的格式多种多样，常用的主要有三种，即三栏式、数量金额式、多栏式。

① 三栏式明细分类账设有借方、贷方和余额三个栏目，因此得名。由于它只有金额指标，没有实物指标，因而适用于“应收账款”“应付账款”“其他应收款”等只要求核算金额的明细账账户。

② 数量金额式明细分类账是指同时提供货币金额和实物数量指标的账页格式，一般适用于“原材料”“库存商品”等财产物资的明细账账户。

③ 多栏式明细分类账是指将一个明细账账户在一张账页上分设若干专栏予以登记和反映的账页格式。它适用于只记金额、不记数量，而且管理上要求反映其构成内容的成本、费用、收入、经营成果等明细分类账账户。按明细分类

账登记的交易或事项不同，多栏式明细分类账账页又分为借方多栏、贷方多栏和借贷方均多栏三种格式。“材料采购”“生成成本”“制造费用”“管理费用”“财务费用”“营业外支出”等账户的明细分类账，一般采用借方多栏的明细分类账；“主营业务收入”“营业外收入”等账户的明细分类账，一般采用贷方多栏的明细分类账；“本年利润”“利润分配”等账户的明细分类账和“应交税费——应交增值税”账户的明细分类账，则需采用借贷双方均为多栏的明细分类账。

4.什么是结账？结账工作主要包括哪些内容？

结账是在期末（月末、季末、年末）将当期应记的交易或事项全部登记入账的基础上，结算、登记各种账簿本期发生额和期末余额的记账工作。

结账工作的内容和程序主要包括以下几个方面：①结账前，首先要查明这个时期所发生的交易或事项是否已全部记入有关账簿，不能提前结账，也不得将本期发生的交易或事项延至下期登账。②本期内所有的转账业务（即不涉及库存现金和银行存款增加、减少的交易或事项），应当编制记账凭证，记入有关账户，结清转账业务，调整账户记录。③在本期全部交易或事项登记入账的基础上，应当结算和登记库存现金日记账、银行存款日记账，以及总分类账和明细分类账各账户的本期发生额和期末余额。年度终了，应将余额结转下年。

5.账簿登记的主要规则有哪些？

账簿登记的规则主要包括以下几个方面：

① 必须以审核无误的会计凭证为依据，及时、准确、清楚地登记各种账簿。

② 必须使用蓝、黑墨水书写，不能使用圆珠笔（银行的复写账簿除外）或铅笔记账，红色墨水只限用于划线和冲账等。

③ 每一笔账都要记明日期、凭证号数、摘要和金额。

④ 记账时，应按账户页次顺序逐页逐行连续登记，不得撕毁和随意抽换账页，不得隔页和跳行；每一张账页记满时，应按正确方法逐页结转，从而保证账簿记录的连续性。

⑤ 对于错账，应区别不同情况，采用正确的方法予以更正，严禁刮擦、挖补、涂改或用药水消除字迹。

⑥ 账簿记录要干净整洁，书写文字和数字要清晰规范。

⑦ 实行会计电算化的单位，总账和明细账应当定期打印。发生收款和付款业务的，在输入收款凭证和付款凭证的当天必须打印出库存现金日记账和银行存款日记账，并与库存现金核对无误。

6.错账的更正方法有哪些？各适用于什么错账的更正？如何更正？

账簿记录发生错误的具体情况不同，其更正的方法也就不同。错账的更正方法主要有以下三种：

① 划线更正法。它是用划线的方式更正错账的一种方法。在结账前，如果发现记账凭证无误而只是账簿记录中的文字或数字错误，应采用划线更正法更正。更正时，应先将错误的文字或数字（全部）划一条红线予以注销，然后在其上方空白处用蓝字写上正确的文字或数字，并由更正人员在更正处签名盖章。

② 红字更正法。它是用红字金额冲销错账记录的方式更正错账的一种方法。红字更正法一般适用于两种错账的更正：一是记账以后，如果发现记账凭证中金额无误、科目有误所导致的错账，应先用红字金额填写一份与原来错误记账凭证中账户对应关系相同的记账凭证，以冲销原来的记录，然后用蓝字重填一份正确的记账凭证一并登记入账，这种方法也称为红字全额冲销法；二是记账以后，如果发现记账凭证中科目无误、金额多记所导致的错账，应将多记金额用红字填写一份与原来错误记账凭证中账户对应关系相同的记账凭证，用以冲销多记金额，并据以登记入账，这种方法也称为红字差额冲销法。

③ 补充登记法。它是用少记金额填制记账凭证补记入账的方式更正错账的一种方法。记账以后，如果发现记账凭证中科目无误、金额少记所导致的错账，应采用补充登记法更正。更正时，将少记金额重新填写一份与原来错误记账凭证中账户对应关系相同的记账凭证，用以补充少记金额，并据以登记入账。

7.什么是账账核对？它包括哪些主要内容？

账账核对是指在账证核对的基础上，对本单位内部各种账簿之间的有关数字进行互相核对，以保证账账相符。

账账核对的主要内容包括：①全部总账账户本期借方发生额合计数与本期贷方发生额合计数、期末借方余额合计数与期末贷方余额合计数进行核对。核对方法是编制“总分类账户本期发生额及余额试算平衡表”。② 有关总账账户期末余额与其所属明细分类账户期末余额合计数进行核对。核对方法是编制各账户的“明细分类账户本期发生额和余额明细表”。③总账“库存现金”“银行存款”账户的期末余额，分别与库存现金日记账、银行存款日记账的期末余额核对。④会计部门设置的各种财产物资明细账（例如原材料明细账）的期末余额，与财产物资的保管部门（例如仓库、总务部门）和使用部门（例如各车间、行政管理部门）相应的财产物资明细账的期末余额核对。

8.何为财产清查？简述其意义。

财产清查，就是在对账过程中借助特定的方法，确定相关财产在一定日期的实存数并进行账实对比的一种对账手段。它属于会计核算方法中登记会计账簿这一专门方法的范畴。

财产清查不仅是对账的一种手段，也是企业单位经营管理不可缺少的一种经济管理制度和经济管理工作。财产清查的重要作用可以概括为：第一，可以保证会计核算资料的真实可靠，有利于保证会计信息的质量；第二，有利于保证各项财产的安全完整和维护财经纪律的严肃性；第三，可以摸清家底，促进经营管理水平的提高；第四，财产清查是进行资产评估的一项基础性工作，对正确地进行资产评估具有重要的作用。

9.在哪些情况下需要进行全面清查？在哪些情况下需要进行不定期清查？

全面清查就是对全部财产进行盘点和查对，其清查的对象包括企业的各项货币资金、实物资产、债权债务以及受托加工、保管、销售的材料、商品等物资。一般说来，需要进行全面淸查的情况主要有：①年终决算之前要进行全面清查，以确保年终决算会计资料的正确性，确保年度会计信息真实可靠；②单位撤销、合并、联营、迁移、改制、改变隶属关系以及单位主要负责人调离工作时，需要进行全面清查，以明确有关经济责任；③开展清产核资时要进行全面清查，以摸清家底。

不定期清查是指根据实际需要对各项财产进行的临时性盘点和查对，故也称临时清查。一般说来，需要进行不定期清查的情况主要有：①更换库存现金、实物资产的保管人员，在办理移交时进行的清查；②发生非常灾害或意外损失，在弄清毁损情况时进行的清查；③上级主管、审计、财政、银行等部门对本单位进行会计检查，在验证会计资料可靠性时进行的清查；④按照有关规定，在开展临时性清产核资时进行的清查；⑤单位撤销、合并、联营、迁移、改制、改变隶属关系以及单位主要负责人调离工作岗位时进行的清查。

10.如何进行库存现金的清查？

对库存现金的清查，一般采用实地盘点法确定其实存数，然后再将其与库存现金日记账的账面余额核对，从而查明账实是否相符及盈亏情况。对库存现金的清查，包括出纳人员每日进行的清查和专门清查班子进行的清查。

每日营业终了，出纳人员应结出库存现金日记账当日的借方（或收入）、贷方（或支出）合计数和余额（或结余），并将该余额与库存现金的实存数进行核对，做到账款相符，即“日清”。

专门清查班子在对库存现金进行清查时，为了明确经济责任，出纳人员必须在场。在清查过程中，应注意有无“白条”顶库、“公款私存”等违反现金管理制度的现象。库存现金盘点完毕，应根据盘点结果和库存现金日记账余额编制“库存现金盘点报告表”，并由盘点人员和出纳人员当场签章。“库存现金盘点报告表”兼有“盘存单”和“实存账存对比表”的作用，是反映库存现金实有数和调整账簿记录的重要原始凭证。

11.何为未达账项？它有哪几种？如何编制“银行存款余额调节表”？

未达账项是指企业和银行双方之间由于对同一项交易或事项的记账时间不一致而发生的一方已经入账，而另一方尚未入账的款项。它包括四种类型：①企业已收而银行未收的款项；②企业已付而银行未付的款项；③银行已收而企业未收的款项；④银行已付而企业未付的款项。

上述任何一种未达账项的存在，都会使银行存款日记账余额与银行对账单余额不符。其中，①、④两种未达账项会使对账单余额小于日记账余额；②、③两种未达账项会使日记账余额小于对账单余额。因此，“银行存款余额调节表”的编制方法可以概括为：根据查明的未达账项，在企业与银行双方账面余额的基础上，各自补记对方已入账而本身未入账的未达账项金额，求出双方调整后的余额。采用这种方法进行调整后，如果双方的余额相等，一般说明双方记账相符；如果双方的余额不相等，则表明记账有差错，应进一步核对，以查明原因，予以更正。

七、业务题

习题11-1-18 练习错账的更正方法

（1）-①借：制造费用　　36 000（红字）

　　贷：原材料　　36 000（红字）

（1）-②借：生产成本　　36 000

　　贷：原材料　　36 000

（2）借：财务费用　　45（红字）

　　贷：应付利息　　45（红字）

（3）借：预付账款　　180

　　贷：银行存款　　180

（4）-①借：财务费用　1 512
　　贷：银行存款　1 512
（4）-②借：应付利息　1 215
　　贷：银行存款　1 215
（5）-①借：原材料　63 280
　　贷：应付账款　63 280
（5）-②借：材料采购　56 000
　　应交税费——应交增值税（进项税额）　7 280
　　贷：预付账款　63 280
（6）借：库存商品　98 000
　　贷：生产成本　98 000
（7）借：主营业务成本　78 000
　　贷：库存商品　78 000
（8）借：库存商品　9 000
　　贷：生产成本　9 000
（9）借：主营业务成本　9 000
　　贷：库存商品　9 000

习题11-2-19 练习银行存款的清查方法和“银行存款余额调节表”的编制

银行存款余额调节表

201×年11月30日

单位：元

项　目	金　额	项　目	金　额
银行存款日记账余额	102 600	银行对账单余额	84 228
加：银行已收企业未收款项		加：企业已收银行未收款项	
1.代收包装物租金	490	存入转账支票	28 000
2.代收永泰公司货款	11 880		
减：银行已付企业未付款项		减：企业已付银行未付款项	
1.代付水费及进项税额	2 200	1.开出现金支票1688号	1 000
2.代付电费及进项税额	2 122	2.开出转账支票0569号	580
调节后存款余额	110 648	调节后存款余额	110 648

第十二章

财务会计报告

一、填空题

1.年度财务会计报告　中期财务会计报告

2.财务状况　经营成果　现金流量

3.资产负债表　利润表

4.多步式　账户式

5.流动性程度的高低　偿还期的长短　永久性递减

6.上年年末余额　期末余额

7.应收账款　预收账款　期末借方余额之和　坏账准备

8.预收账款　应收账款　期末贷方余额之和

9.应付账款　预付账款　期末贷方余额之和

10.预付账款　应付账款　期末借方余额之和

11.期末账项调整　对账　结账

12.材料采购　原材料　生产成本　库存商品　期末借方余额之和

二、判断题

1.×　2.×　3.√　4.×　5.×　6.×　7.×　8.×　9.√　10.×　11.√　12.×　13.√　14.√　15.√

三、单项选择题

1.C　2.B　3.A　4.D　5.D　6.A　7.A　8.D　9.C　10.D　11.B　12.D　13.D　14.A　15.B　16.A　17.D　18.B　19.D　20.D　21.C　22.B

四、多项选择题

1.ABCDE　2.ABCDE　3.ABCD　4.ABCDE　5.BCD　6.BCE　7.ABCD　8.CDE　9.ABCDE　10.BCDE　11.ABCE　12.BC　13.CDE　14.ABC　15.ACE　16.ABD　17.ABCD　18.AE　19.ABCDE　20.ABCE　21.AB

五、名词解释

1.财务报表：其是对企业财务状况、经营成果和现金流量的结构性表述。一般来说，财务报表是企业财务会计报告的主体。一套完整的财务报表至少应当包括资产负债表、利润表、现金流量表、所有者权益（股东权益）变动表和附注，即“四表一注”。

2.财务报表附注：其是对资产负债表、利润表、现金流量表、所有者权益（股东权益）变动表等报表中列示项目所做的文字描述或明细资料，以及对未能在这些报表中列示的项目的说明等。它是财务报表不可或缺的重要组成部分。

六、简答题

1.简述企业财务会计报告的组成。

企业财务会计报告应当包括财务报表和其他应当在财务会计报告中披露的相关信息及资料。其中，财务报表是财务会计报告的核心和主体。

财务报表是对企业财务状况、经营成果和现金流量的结构性表述。一套完整的财务报表至少应当包括资产负债表、利润表、现金流量表、所有者权益（股东权益）变动表和附注，即“四表一注”。

2.何为财务会计报告？简述其作用。

财务会计报告可简称为财务报告，是指企业对外提供的反映企业某一特定日期的财务状况和某一会计期间的经营成果、现金流量等会计信息的文件，是企业会计工作的重要成果。编制财务会计报告既是会计核算的一种专门方法，也是会计核算工作的重要内容。

概括说来，财务会计报告的作用主要体现在以下几个方面：①为投资者、债权人作出投资、信贷决策提供必要的财务会计信息；②为政府及相关机构进行宏观经济管理提供必要的财务会计信息；③为企业加强内部经营管理提供必要的财务会计信息。

3.简述编制会计报表前的准备工作内容。

会计报表编制前的准备工作主要应当围绕如何保证有关账簿记录中数据资料的真实性、可靠性、正确性、完整性进行。通常，编制会计报表前的准备工作主要包括三个方面的内容：①期末账项调整，就是在期末结账前，按照权责发生制记账基础的要求对会计期间的收入、费用等予以调整，以便合理确定会计期间的收入、费用，正确计算当期损益。②对账，即核对账目，就是通过账证核对、账账核对、账实核对，保证账证相符、账账相符、账实相符，确保所编会计报表数据来源的真实性、可靠性。③结账，即结算账目，就是在把一定会计期间所发生的交易或事项全部登记入账的基础上，于期末结算出每个账户的本期发生额及余额并登记入账。

4.什么是利润表？其作用何在？

利润表是总括反映企业一定会计期间经营成果的会计报表。它是企业的主表，是动态报表。

利润表主要提供企业一定会计期间经营成果的会计信息，其作用在于：①利润表的列报必须充分反映企业经营业绩的主要来源构成。利润表可以反映企业一定会计期间各项收入、费用的发生情况和净利润的实现或亏损的发生情况，反映收入、费用、利润的构成。②利润表有助于财务会计报告使用者判断企业净利润的质量及风险，据以评价对企业进行投资的价值和报酬，判断企业资本是否保全，评价和考核企业管理人员的经营业绩。③对比分析企业前后期的利润表，可以了解企业经营成果的变化情况，把握企业的获利能力，预测企业未来一定会计期间净利润的持续性，从而作出正确的决策。

5.什么是资产负债表？其作用何在？

资产负债表是总括反映企业某一特定日期全部资产、负债和所有者权益情况的会计报表，也称“财务状况表”。它是以会计等式的平衡原理为基础编制的，是企业的主表，也是静态报表。

资产负债表总括提供企业一定日期的财务状况信息，其具体作用在于：①反映企业拥有或控制的经济资源总量、分布情况及流动性；②反映企业权益结构；③反映企业的财务实力；④反映企业财务状况的变化情况和变化趋势。

6.简述资产负债表的编制方法。

资产负债表中的各项目都列有“上年年末余额”和“期末余额”两栏。

“上年年末余额”栏各项目的数字，应根据上年末该表中“期末余额”栏各项目的数字填列。如果本年度该表中规定的各项目名称和内容与上年度不一致，应对上年末该表中各项目的名称和数字按照本年度的规定进行调整后，填入“上年年末余额”栏内。

“期末余额”栏各项目的数字，总的说来，应根据资产类（含成本类）、负债类、所有者权益类总账账户及其有关明细账户的期末余额填列。具体可采用以下方法：①根据某一总账账户的期末余额直接填列，如“应收票据”“短期借款”“应付票据”“应付职工薪酬”“应交税费”“实收资本”“资本公积”“其他综合收益”“盈余公积”等项目。②根据若干总账账户的期末余额计算填列，如“货币资金”“存货”“固定资产”“无形资产”“其他应付款”“未分配利润”等项目。③根据若干总账账户的期末余额计算、分析填列，如“其他应收款”等项目。④根据若干明细账户的期末余额计算填列，如“应收账款”“预付款项”“应付账款”“预收款项”等项目。⑤根据明细账户的期末余额计算、分析填列，如“交易性金融资产”“合同资产”“一年内到期的非流动资产”“债权投资”“其他债权投资”“长期债权投资”“长期待摊费用”“合同负债”“一年内到期的非流动负债”“长期借款”“应付债券”等项目。

七、业务题

习题12-1-20 练习利润表的编制方法

利 润 表

编制单位：林城市神效制药公司　　2023年1—6月　　单位：元

项　目	本期金额	上期金额
一、营业收入	1 439 340	1 276 800
减：营业成本	1 055 200	916 810
税金及附加	32 800	22 900
销售费用	55 680	60 000
管理费用	44 500	53 000
财务费用	9 100	18 000
其中：利息费用	11 280	19 680
利息收入	2 180	1 680
加：投资收益（损失以“－”号填列）	1 570	1 200
二、营业利润（亏损以“－”号填列）	243 630	207 290
加：营业外收入	13 000	9 700
减：营业外支出	42 810	12 650
三、利润总额（亏损总额以“－”号填列）	213 820	204 340
减：所得税费用	53 455	51 085
四、净利润（净亏损以“－”号填列）	160 365	153 255
五、其他综合收益的税后净额		
六、综合收益总额		
七、每股收益		
（一）基本每股收益		
（二）稀释每股收益		

习题12-2-21 练习资产负债表部分项目期末数的计算方法

（1）“货币资金”项目期末数=5 600+273 000=278 600（元）

（2）“应收账款”项目期末数=65 000+85 000−1 000=149 000（元）

（3）“预付款项”项目期末数=78 000+22 000=100 000（元）

（4）“存货”项目期末数=30 000+160 000+210 000+20 000=420 000（元）

（5）“固定资产”项目期末数=9 351 600−1 869 300=7 482 300（元）

（6）“应付账款”项目期末数=63 500+20 000=83 500（元）

（7）“预收款项”项目期末数=15 000元

（8）“未分配利润”项目期末数=153 000−23 000=130 000（元）

第十三章

账务处理程序

一、填空题

1.会计凭证　　会计账簿　　会计报表

2.记账凭证　　科目汇总表

3.记账凭证　　逐日逐笔循序登记

4.科目汇总表　　定期汇总登记

5.汇总记账凭证　　多栏式日记账　　转账凭证　　转账凭证汇总表

6.通用日记账　　记账凭证

7.借方　　贷方　　贷方　　借方

8.日记总账　　明细分类账　　总分类账　　明细分类账

二、判断题

1.√　2.×　3.×　4.√　5.×　6.√　7.×　8.√　9.√　10.√　11.√　12.×　13.√　14.×　15.×

三、单项选择题

1.C　2.A　3.B　4.B　5.D　6.B　7.D　8.B　9.D　10.B　11.B　12.D　13.A　14.C　15.B　16.A

四、多项选择题

1.ACD　2.ABCDE　3.AE　4.BCDE　5.AD　6.ABCDE　7.DE　8.ABCDE　9.ABCDE　10.BCE　11.ABE　12.AB　13.ABD　14.BC　15.AC　16.ABCDE　17.DE　18.ABCDE　19.ABC　20.BCD　21.ABCDE　22.BCD

五、名词解释

1.账务处理程序：其也称会计核算组织程序、会计核算形式，是会计凭证、会计账簿、会计报表相互结合的方式。不同的账务处理程序规定了填制凭证、登记账簿、编制报表的不同步骤和方法。

2.记账凭证汇总表：其也称科目汇总表，是指定期根据当期全部专用记账凭证（或通用记账凭证），按照相同科目的借方、贷方分别进行归类，并计算出每一总账科目该期的借方发生额合计数和贷方发生额合计数所编制的汇总表。它是一种特种记账凭证。

3.汇总收款凭证：其是指根据一定时期内收款凭证中“库存现金”和“银行存款”科目的借方分别设置，并按与其对应的贷方科目进行归类，定期（如5天或10天）汇总，按月编制，据以登记总账的一种汇总记账凭证。

4.汇总付款凭证：其是指根据一定时期内付款凭证中“库存现金”和“银行存款”科目的贷方分别设置，并按与其对应的借方科目进行归类，定期（如5天或10天）汇总，按月编制，据以登记总账的一种汇总记账凭证。

5.汇总转账凭证：其是指根据一定时期内转账凭证的每一贷方科目分别设置，并按与其对应的借方科目进行归类，定期（如5天或10天）汇总，按月编制，据以登记总账的一种汇总记账凭证。

六、简答题

1.账务处理程序有哪几种？其各自的主要特点是什么？

在我国，账务处理程序有六种，其主要特点分别是：①记账凭证账务处理程序是最基本的一种账务处理程序，其特点是直接根据记账凭证逐笔登记总分类账。②科目汇总表账务处理程序，也称记账凭证汇总表账务处理程序，是运用最为广泛的一种账务处理程序，其特点是定期根据当期全部记账凭证编制科目汇总表，然后据以登记总分类账。③汇总记账凭证账务处理程序，其特点是根据所有记账凭证（收款、付款和转账凭证）定期汇总，按月编制汇总记账凭证（汇总收款、汇总付款和汇总转账凭证），月终据以登记总分类账。④多栏式日记账账务处理程序，其特点是设置和登记多栏式库存现金、银行存款日记账，月终据以登记总分类账，同时应根据转账凭证逐笔登记总分类账，或根据转账凭证编制的转账凭证汇总表定期汇总登记总分类账。⑤日记总账账务处理程序，其特点是设置日记总账，根据记账凭证逐笔登记日记总账。⑥通用日记账账务处理程序，也称普通日记账账务处理程序，其特点是根据原始凭证或汇总原始凭证，以分录的形式登记通用日记账，再根据通用日记账逐笔登记总分类账。

2.简述记账凭证账务处理程序的一般程序。

记账凭证账务处理程序的一般程序是：①根据原始凭证编制汇总原始凭证；②根据原始凭证和汇总原始凭证编制记账凭证（含收款、付款和转账凭证）；③根据收款凭证、付款凭证逐日逐笔循序登记库存现金和银行存款日记账；④根据原始凭证、汇总原始凭证和记账凭证登记明细分类账；⑤根据记账凭证逐日逐笔循序登记总分类账；⑥月终，将库存现金、银行存款总分类账的余额与日记账的余额核对相符，将有关总分类账的余额与其所属明细分类账的余额之和核对相符；⑦月终，根据总分类账和明细分类账编制会计报表。

3.简述科目汇总表账务处理程序的一般程序。

科目汇总表账务处理程序的一般程序是：①根据原始凭证编制汇总原始凭证；②根据原始凭证和汇总原始凭证编制记账凭证（含收款、付款和转账凭证）；③根据收款凭证、付款凭证逐日逐笔循序登记库存现金和银行存款日记账；④根据原始凭证、汇总原始凭证和记账凭证登记明细分类账；⑤根据一定时期内的全部记账凭证定期汇总编制科目汇总表；⑥根据科目汇总表汇总登记总分类账；⑦月终，将库存现金、银行存款总分类账的余额与日记账的余额核对相符，将有关总分类账的余额与其所属明细分类账的余额之和核对相符；⑧月终，根据总分类账和明细分类账编制会计报表。

4.简述汇总记账凭证账务处理程序的一般程序。

汇总记账凭证账务处理程序的一般程序是：①根据原始凭证编制汇总原始凭证；②根据原始凭证和汇总原始凭证编制记账凭证（含收款、付款和转账凭证）；③根据收款凭证、付款凭证逐日逐笔循序登记库存现金和银行存款日记账；④根据原始凭证、汇总原始凭证和记账凭证登记明细分类账；⑤根据一定时期内的全部记账凭证定期汇总，按月编制汇总记账凭证（含汇总收款、汇总付款和汇总转账凭证）；⑥月终，根据汇总记账凭证汇总登记总分类账；⑦月终，将库存现金、银行存款总分类账的余额与日记账的余额核对相符，将有关总分类账的余额与其所属明细分类账的余额之和核对相符；⑧月终，根据总分类账和明细分类账编制会计报表。

5.简述记账凭证账务处理程序、科目汇总表账务处理程序和汇总记账凭证账务处理程序各自的优缺点及适用范围。

记账凭证账务处理程序的优点是：①账务处理程序简单明了，易于理解；②总账记录中的账户对应关系清楚，能够详细地反映各项交易或事项的来龙去脉。其缺点是：登记总账的工作量较大。它一般适用于规模小且交易或事项较少的经济单位。

科目汇总表账务处理程序的优点是：①定期根据科目汇总表登记总账，可以大大减少登记总账的工作量；②科目汇总表能起到总账登记前的试算平衡作用，保证总账登记的正确性。其缺点是：科目汇总表及总账均不能反映账户对应关系，不能据以了解交易或事项的来龙去脉。它是实际工作中运用最为广泛的一种账务处理程序，任何单位，不论其规模大小，都可以采用这种账务处理程序，但它特别适用于规模较大、交易或事项较多、记账凭证较多的单位。

汇总记账凭证账务处理程序的优点是：①月终，根据汇总记账凭证一次登记总账，可以大大减少登记总账的工作量（这一点克服了记账凭证账务处理程序的缺点）；②汇总记账凭证及总账均能反映账户对应关系，便于据以了解交易或事项的来龙去脉（这一点克服了科目汇总表账务处理程序的缺点）。其缺点是：汇总转账凭证的数量及编制工作量较大。它一般适用于规模较大且交易或事项较多的经济单位。

6.简述多栏式日记账账务处理程序的一般程序。

多栏式日记账账务处理程序的一般程序是：①根据原始凭证编制汇总原始凭证；②根据原始凭证和汇总原始凭证编制记账凭证（含收款、付款和转账凭证）；③根据收款凭证、付款凭证逐日逐笔循序登记多栏式库存现金和银行存款日记账；④根据原始凭证、汇总原始凭证和记账凭证登记明细分类账；⑤根据一定时期内的全部转账凭证，定期汇总编制转账凭证汇总表；⑥月终，根据多栏式库存现金和银行存款日记账以及转账凭证汇总表汇总登记总分类账；⑦月终，将有关总分类账的余额与其所属明细分类账的余额之和核对相符；⑧月终，根据总分类账和明细分类账编制会计报表。

7.简述日记总账账务处理程序的一般程序。

日记总账账务处理程序的一般程序是：①根据原始凭证编制汇总原始凭证；②根据原始凭证和汇总原始凭证编制记账凭证（含收款、付款和转账凭证）；③根据收款凭证、付款凭证逐日逐笔循序登记库存现金和银行存款日记账；④根据原始凭证、汇总原始凭证和记账凭证登记明细分类账；⑤根据记账凭证逐日逐笔循序登记日记总账；⑥月终，将日记总账中库存现金、银行存款科目的余额与库存现金、银行存款日记账的余额核对相符，将日记总账中有关总账科目的余额与其所属明细分类账的余额之和核对相符；⑦月终，根据日记总账和明细分类账编制会计报表。

8.简述通用日记账账务处理程序的一般程序。

通用日记账账务处理程序的一般程序是：①根据原始凭证编制汇总原始凭证；②根据原始凭证和汇总原始凭证逐日逐笔循序登记通用日记账；③根据原始凭证、汇总原始凭证和通用日记账登记明细分类账；④根据通用日记账逐日逐笔循序登记总分类账；⑤月终，将有关总分类账的余额与其所属明细分类账的余额之和核对相符；⑥月终，根据总分类账和明细分类账编制会计报表。

9.如何编制科目汇总表？

编制科目汇总表，概括地说，就是定期将该期间内的所有记账凭证，按相同会计科目归类，汇总每一会计科目的借方本期发生额和贷方本期发生额，分别填入科目汇总表的借方栏和贷方栏内，最终计算出全部总账科目该期的借方发生额合计数和贷方发生额合计数，并经试算平衡即可。其编制步骤是：

首先，按照总分类账账页目录中的账户名称，依次开设“T”字账。

其次，定期将该期间内的所有记账凭证过入“T”字账。

再次，根据“T”字账记录，计算每个账户的借方、贷方发生额。

最后，根据“T”字账记录中每个账户的借方、贷方发生额，填列科目汇总表，加计合计数，检查借方发生额合计数和贷方发生额合计数是否相等。如果借方发生额合计数与贷方发生额合计数相等，说明记账凭证和科目汇总表编制基本正确，可以根据科目汇总表登记总分类账。如果不等，需查找原因，待借贷方平衡之后方可据以登记总分类账。

七、业务题

习题13-1-22 练习科目汇总表的编制方法

科目汇总表

科汇字第1号

编制单位：林城市益民制药公司　　202×年12月1日至31日　　单位：元

会计科目	借　方	贷　方	会计科目	借　方	贷　方
库存现金	100 300.00	100 921.00	承上页	2 384 682.57	2 681 338.57
银行存款	546 036.00	1 196 746.07	应付股利	250 000.00	250 000.00
应收票据			其他应付款	3 120.00	
应收账款			实收资本		443 000.00
其他应收款	2 000.00	1 000.00	资本公积	75 000.00	
材料采购	207 570.00	207 570.00	盈余公积		315 000.00
原材料	208 890.00	188 375.00	本年利润	1 864 350.00	487 800.00
库存商品	190 000.00	242 960.00	利润分配	1 130 000.00	1 690 000.00
固定资产	140 490.00	24 920.00	生产成本	349 986.00	190 000.00

续表

会计科目	借方	贷方	会计科目	借方	贷方
累计折旧	23 500.00	4 970.00	制造费用	24 450.00	24 450.00
无形资产	300 000.00		主营业务收入	484 200.00	484 200.00
待处理财产损溢	2 840.00	2 840.00	营业外收入	3 600.00	3 600.00
短期借款			主营业务成本	242 960.00	242 960.00
应付票据			税金反附加	3 850.50	3 850.50
应付账款	380.00	74 340.00	销售费用	41 159.50	41 159.50
预收账款	81 360.00	80 000.00	管理费用	30 049.00	30 049.00
应付职工薪酬	114 000.00	114 000.00	财务费用	1 060.00	1 060.00
应交税费	464 616.57	441 796.50	营业外支出	46 841.00	46 841.00
应付利息	2 700.00	900.00	所得税费用	375 000.00	375 000.00
合计 转下页	2 384 682.57	2 681 338.57	合 计	7 310 308.57	7 310 308.57

第十四章

会计规范

一、填空题

1.会计法律　　会计行政法规　　会计制度　　会计准则

2.基本准则　　具体准则　　应用指南

3.国家统一　　单位内部

二、判断题

1.√　2.√　3.√　4.×　5.×　6.√

三、单项选择题

1.A　2.C　3.A　4.D　5.B　6.C　7.B　8.C　9.D　10.A

四、多项选择题

1.BDE　2.CD　3.CD　4.ABCDE　5.BCDE　6.BCDE　7.ABCE　8.ABCDE　9.ABCDE　10.ABCDE

五、名词解释

1.会计规范：其是以一定的会计理论为基础制定的，协调、管理会计工作的各种法律、法令、条例、规则、制度等规范性文件的总称。它是对会计工作所作出的一系列约束，是会计工作的标准和评价会计工作质量的客观依据。

2.会计法：其是会计工作的基本法，是会计工作的准绳、依据和总章程，是制定其他一切会计法规制度的法律依据。《中华人民共和国会计法》是会计工作最高层次的规范，由全国人民代表大会常务委员会制定，以国家主席令颁布实施。

3.会计准则：其是指会计人员在从事会计工作的过程中，在对交易或事项进行确认、计量以及在编报财务会计报告时，应当遵循的基本规则和指南，也是评价和鉴定会计工作质量的标准、依据。

六、简答题

1.我国现行企业会计准则中的基本准则对哪些方面的问题作出了规定？

我国企业会计准则中的基本准则是企业会计准则体系的概念基础，是企业会计准则体系的“纲”，在企业会计准则体系中起着统驭和指导作用，是制定具体准则和应用指南的依据。

我国现行企业会计准则中的基本准则是财政部于2006年2月15日发布的《企业会计准则——基本准则》(2014年修订)。该准则共十一章五十条，主要就准则制定的目的和适用范围、财务会计报告的目标、财务会计报告使用者、会计基本假设、企业会计记账基础、企业应当采用的记账方法、会计信息质量要求、会计要素的定义、会计要素的确认条件、会计计量属性、财务会计报告体系等问题作出了规定。

2.何为会计规范？我国会计规范体系架构是怎样的？

会计规范是以一定的会计理论为基础制定的，协调、管理会计工作的各种法律、法令、条例、规则、制度等规范性文件的总称。它是对会计工作所作出的一系列约束，是会计工作的标准和评价会计工作质量的客观依据。

我国的会计规范体系，从规范的形成方式和来源看，主要由两个部分构成，即：自发形成的会计规范和自觉制定的会计规范；从所规范的内容看，主要由四个部分构成，即：对会计人员的规范、对会计机构的规范、对会计核算工作的规范、对会计监督工作的规范。

第十五章

会计机构和会计人员

一、填空题

1.会计机构

2.集中核算　非集中核算（或分散核算）

3.进行会计核算　实行内部会计监督

4.会计师　从事会计工作三年以上

二、判断题

1.×　2.×　3.×　4.√　5.√　6.×　7.√　8.√　9.√　10.√

三、单项选择题

1.C　2.D　3.A　4.D　5.B　6.D　7.A　8.B　9.C　10.B　11.C　12.D　13.C

四、多项选择题

1.ABCE　2.ABCDE　3.ADE　4.DE　5.CD　6.ABCDE　7.ABCDE　8.ABCE　9.ABCD　10.BCDE　11.ABCD　12.BCE

五、名词解释

1.代理记账：其是指由社会中介机构即会计咨询、服务机构或具备一定条件的单位，代替独立核算单位办理记账、算账、报账业务。它是一种合法的社会性会计服务活动。

2.会计岗位责任制：其亦称会计人员岗位责任制、会计工作岗位责任制，就是在会计机构内部按照会计工作的内容和会计人员的配备情况进行合理分工，将会计机构的工作划分为若干个岗位，并为每个岗位规定职责和要求，使每一项会计工作都有专人负责，每一位会计人员都有明确职责的一种责任制度。

六、简答题

1.应当办理会计手续，进行会计核算的经济交易或事项有哪些？

按照《中华人民共和国会计法》的规定，下列经济交易或事项，应当办理会计手续，进行会计核算：①款项和有价证券的收付；②财物的收发、增减和使用；③债权债务的发生和结算；④资本、基金的增减；⑤收入、支出、费用、成本的计算；⑥财务成果的计算和处理；⑦需要办理会计手续、进行会计核算的其他事项。

2.什么是会计职业道德？其主要内容有哪些？

会计职业道德是会计人员在会计工作中应当遵守的道德规范和职业行为准则，是会计人员职业品质、工作作风、工作纪律和职业责任的统一，它是对会计法律制度的重要补充，是规范会计行为的基础。

我国会计人员职业道德的内容可以概括为：爱岗敬业、诚实守信、廉洁自律、客观公正、坚持准则、提高技能、参与管理、强化服务。

第十六章

出纳工作、会计档案管理和会计工作交接

一、填空题

1.库存现金　　个人名义　　账外公款

2.永久　　定期

3.现金收讫　　现金付讫

二、判断题

1.×　2.√　3.×　4.×　5.×　6.×　7.×　8.×　9.×　10.√

三、单项选择题

1.B　2.D　3.C　4.D　5.D　6.A　7.A　8.B　9.C　10.C　11.D　12.A　13.B　14.D　15.A

四、多项选择题

1.ABCDE　2.ABCDE　3.ABCDE　4.ABCD　5.ABCDE　6.BCDE　7.AB　8.ABCDE　9.ACE　10.ABCDE　11.ABCDE　12.ABCDE　13.ACDE

五、名词解释

1.出纳工作：其是指一个单位对其货币资金、有价证券、票据等进行收付、保管、核算及相关工作的总称。它是一个单位会计核算工作的重要组成部分。

2.会计档案：其是指国家机关、社会团体、企业、事业单位、按规定应当建账的个体工商户及其他组织的会计凭证、会计账簿和财务会计报告等会计核算专业材料，是记录和反映单位交易或事项的重要史料和证据，是国家档案的重要组成部分。

3.坐支现金：其是指从本单位收入的库存现金中直接支付现金。按照规定，各单位支付现金，可以从本单位库存现金限额中支付或者从开户银行提取，不得坐支现金。因特殊情况需要坐支现金的，应当事先报经开户银行审查批准，由开户银行核定坐支范围和限额。坐支单位应当定期向开户银行报送坐支金额和使用情况。

六、简答题

1.出纳人员应当具备哪些基本条件？

由于出纳工作的特殊性，单位会计机构内部配备的出纳人员除了应当具备处理一般会计事项所需的会计专业基本知识、良好的会计职业道德修养等以外，还应当具备以下基本条件：①办理出纳业务所需的较高的专业政策水平和法纪水平；②办理出纳业务所需的过硬的专业知识、技能和本领；③基本的出纳安全工作常识和极强的安全意识；④与出纳职业相符合的工作作风和奉献精神。

2.出纳工作的主要内容有哪些？

一般来说，出纳工作的主要内容应当包括：①办理收付库存现金的交易或事项；②办理银行转账结算的交易或事项；③对库存现金、银行存款及有价证券等进行明细分类核算；④保管库存现金、有价证券、票据和印鉴等。

附录一

会计学原理模拟试卷

时间：120分钟

得分	评卷人

一、单项选择题（在每小题的4个选项中选出一个正确的，将其序号填入题后括号内。本大题共30小题，每小题1分，共30分）

1.按照会计信息质量的可比性要求，同一企业不同时期发生的相同或相似的交易或者事项（　　）

A.可以采用不同的会计政策，但须经过批准

B.应当采用一致的会计政策，但可随意变更

C.应当采用一致的会计政策，不得随意变更

D.可以随意采用不同会计政策，无须经过批准

2.下列关于财务会计的表述中，不正确的是（　　）

A.财务会计侧重于过去的信息

B.财务会计侧重于为外部有关各方提供所需数据

C.财务会计侧重于向内部管理者提供经营管理、预测决策等所需的相关信息

D.财务会计侧重于提供与企业财务状况、经营成果和现金流量等方面有关的信息

3.按用途和结构分类，“累计折旧”账户是（　　）

A.资产账户　　B.备抵调整账户

C.附加调整账户　　D.备抵附加调整账户

4.由企业非日常活动所形成的、会导致所有者权益增加的、与所有者投入资本无关的经济利益的流入，被称为（　　）

A.费用　　B.损失　　C.收入　　D.利得

5.资产负债表总括反映的是企业（　　）

A.某一会计月度的财务状况　　B.某一会计季度的经营成果

C.某一会计年度的现金流量　　D.某一特定日期的财务状况

6.科目汇总表账务处理程序与汇总记账凭证账务处理程序的主要相同点是（　　）

A.记账凭证都需要汇总　　B.汇总凭证的格式相同

C.登记总账的依据相同　　D.记账凭证的汇总方法一样

7.企业采用的会计记账基础是（　　）

A.实地盘存制　　B.收付实现制　　C.权责发生制　　D.永续盘存制

8.永续盘存制和实地盘存制的主要区别是（　　）

A.是否需要经常盘点存货　　B.是否在平时登记存货的增加数

C.对存货的盘点方法不同　　D.是否在平时登记存货的减少数

9.预付款和应收款是相同性质的，这是因为（　　）

A.预付款和应收款都是负债　　B.预付款是人欠我，应收款是我欠人

C.预付款和应收款都是资产　　D.预付款是我欠人，应收款是人欠我

10.企业费用的发生可能表现为　　（　　）

A.资产的增加或负债的减少　　B.资产的减少或负债的增加

C.资产的减少或负债的减少　　D.资产的增加或负债的增加

11.企业提供的会计信息应当反映与企业财务状况、经营成果和现金流量等有关的所有重要交易或者事项，这一会计信息质量要求被称为　　（　　）

A.相关性　　B.客观性　　C.重要性　　D.明晰性

12.月末对账时，下列情况中，会导致企业银行存款日记账余额大于银行对账单余额的是（　　）

A.企业支出款项6 000元，记账时误记为60 000元

B.收到货款30 000元，银行已入账，企业尚未入账

C.支出款项60 000元，企业已入账，银行尚未入账

D.收到货款40 000元，企业已入账，银行尚未入账

13.以下交易或事项中，不改变所有者权益总额的是　　（　　）

A.将应付账款转作实收资本　　B.将资本公积转增资本

C.接受专利权投资　　D.接受设备投资

14.对应收账款计提坏账准备，这一会计处理体现了　　（　　）

A.客观性　　B.相关性　　C.谨慎性　　D.可比性

15.办理出纳业务，对票据的保管应当切实贯彻的原则是　　（　　）

A.钱、票分管　　B.印、钱分管　　C.票、印分管　　D.钱、物分管

16.在我国的会计规范体系中，最具权威性和约束力的是　　（　　）

A.会计基础工作规范　　B.会计准则　　C.会计行政法规　　D.会计法律

17.在特定历史发展阶段，会计所赖以生存和发展的各种客观条件及限制性因素，称为　（　　）

A.会计目标　　B.会计要素　　C.会计环境　　D.会计假设

18.在会计核算中，处于核心地位的是　　（　　）

A.会计确认　　B.会计计量　　C.会计记录　　D.会计报告

19.不单独设置会计机构的单位，在有关机构中设置、指定其负责组织管理会计事务、行使会计机构负责人职权的负责人是　　（　　）

A.总会计师　　B.会计主管人员　　C.主管会计　　D.主办会计

20.办理会计工作交接手续时，会计机构负责人、会计主管人员的交接，由　　（　　）

A.财政部门所派人员负责监交　　B.一般会计人员负责监交

C.单位领导人负责监交　　D.注册会计师负责监交

21.依据一定的标准和条件进行筛选、辨认，以确定企业生产经营活动引发的各项交易或者事项所涉及的项目是否能够和何时进入会计处理过程的工作，称为　　（　　）

A.会计确认　　B.会计计量　　C.会计记录　　D.会计报告

22.下列选项中，影响企业营业利润的是　　（　　）

A.营业外收入　　B.营业外支出　　C.所得税费用　　D.投资收益

23.出纳人员或仓库保管员调离岗位时进行的财产清查是　　（　　）

A.全面清查和定期清查　　B.全面清查和不定期清查

C.局部清查和定期清查　　D.局部清查和不定期清查

24.采用借贷记账法，账户借贷两方哪一方记增加，哪一方记减少，取决于　　（　　）

A.借贷方金额大小　　B.账户的登记方法　　C.账户的经济内容　　D.账户的账页格式

25.生产费用按其经济用途分类的项目，称为　　（　　）

A.会计科目　　B.成本项目　　C.生产成本　　D.成本对象

26.下列账户，属于备抵附加调整账户的是 ( )

A.累计折旧　B.利润分配　C.坏账准备　D.材料成本差异

27.库存现金日记账和银行存款日记账必须是 ( )

A.订本账　B.活页账　C.卡片账　D.备查账

28.在会计实务中，用于记录交易或事项会计分录的是 ( )

A.原始凭证　B.记账凭证　C.总分类账　D.明细分类账

29.对于现金和银行存款相互划转的业务，填制的专用记账凭证是 ( )

A.收款凭证　B.付款凭证　C.转账支票　D.转账凭证

30.下列会计科目中，不必设置明细分类科目的是 ( )

A.管理费用　B.固定资产　C.应交税费　D.累计折旧

得 分	评卷人

二、多项选择题（在每小题的5个选项中选出至少两个正确的，将其序号填入题后括号内，多选、漏选、错选均不给分。本大题共10小题，每小题1分，共10分）

1.库存现金日记账应 ( )

A.由出纳人员登记　B.根据现金收、付款凭证登记

C.逐日逐笔登记　D.定期汇总登记

E.根据从银行提取现金时所填银行存款付款凭证登记

2.在会计要素中，能够单独进行会计确认的有 ( )

A.资产　B.负债　C.所有者权益

D.收入和费用　E.利润

3.会计的特点主要包括 ( )

A.以货币作为主要计量尺度进行综合反映

B.以凭证作为主要依据

C.会计核算具有可比性、及时性、重要性

D.应用专门的一套方法

E.会计核算具有完整性、连续性、系统性

4.当有证据预示企业将不能持续存在下去而面临破产清算时，会计人员应当着眼于如何在破产清算条件下 ( )

A.放弃会计核算工作　B.定期对其持续经营的能力作出分析和判断

C.正确反映企业的变现能力和偿债能力　D.客观反映企业的财务状况、经营成果和现金流量

E.放弃持续经营前提下所采用的会计程序、会计政策和会计方法

5.编制会计报表的基本要求包括 ( )

A.数字真实　B.内容完整　C.计算准确

D.编报及时　E.精益求精

6.关于科目汇总表账务处理程序，下列说法中正确的有 ( )

A.定期根据记账凭证编制科目汇总表，然后据以登记总账

B.能大大减少登记总分类账的工作量

C.科目汇总表能起到总账登记前的试算平衡作用，保证总账登记的正确性

D.科目汇总表及总账的记录均不能反映账户对应关系

E.特别适用于交易或事项较多的经济单位

7.会计监督工作规范的内容，主要应当包括 ( )

A.会计监督的主体　　B.会计监督的客体　　C.会计监督的依据

D.会计监督的形式　　E.会计监督的方法

8.除了《中华人民共和国会计法》外，我国涉及规范会计行为的法律还有　　（　　）

A.《中华人民共和国公司法》　　B.《中华人民共和国审计法》

C.《中华人民共和国注册会计师法》　　D.《中华人民共和国证券法》

E.各项税法

9.以会计等式体现的平衡关系作为理论依据的有　　（　　）

A.设置会计科目　　B.复式记账　　C.成本计算

D.登记会计账簿　　E.编制资产负债表

10.下列项目中，属于期间费用的有　　（　　）

A.制造费用　　B.管理费用　　C.销售费用

D.财务费用　　E.生产费用

得分	评卷人

三、判断题（凡正确的，在题后括号内打“√”，凡错误的，在题后括号内打“×”。本大题共10小题，每小题1分，共10分）

1.交易或者事项较少涉及预收款项的企业，如果不单独设置“预收账款”账户，而用“应收账款”账户一并核算应收款项和预收款项的交易或者事项，则“应收账款”账户是一个债权债务结算账户。这类账户的期末余额表示债权与债务的差额。　　（　　）

2.单式记账凭证是根据单式记账法的要求填制的，复式记账凭证则是根据复式记账法的要求填制的。　　（　　）

3.一切交易或事项的发生都会引起会计等式左右两边的数额同时发生变化，但它们都不破坏会计等式。　　（　　）

4.权责发生制和收付实现制是用于计算当期收入、费用的两种会计记账基础，二者的主要区别是在计算当期收入、费用时采用的标准不同。　　（　　）

5.会计科目是对会计要素具体内容进行分类核算的方法，账户是对会计要素具体内容进行分类核算的项目。　　（　　）

6.任何单位都必须单独设置会计机构。　　（　　）

7.更正错账的记账凭证可以不附原始凭证。　　（　　）

8.由于用圆珠笔书写的字迹不便于长期保留，用铅笔书写的字迹容易被涂改且不易察觉，因而登记账簿必须使用蓝、黑墨水钢笔，不得使用圆珠笔和铅笔。　　（　　）

9.我国企业会计准则规定，企业在对会计要素进行计量时，一般应当采用历史成本和公允价值。　　（　　）

10.生产费用是企业为生产一定种类、一定数量的商品所发生的各种劳动耗费的总和，生产成本是企业在一定时期内为生产商品所发生的各种劳动耗费的总和。　　（　　）

得分	评卷人

四、简答题（简要回答以下问题。本大题共2小题，每小题5分，共10分）

1.什么是借贷记账法？其要点有哪些？

2.简述科目汇总表账务处理程序的一般程序。

得 分	评卷人

五、业务题（本大题共分两个部分，第一部分36分，第二部分4分，共40分）

（一）某企业本月发生以下交易或事项，试据以编制会计分录（列出必要的明细科目）（本部分中每笔交易或事项的会计分录为2分，共36分）。

（1）收到投资者投入设备一台，账面原价为80 000元，双方确认的价值为65 000元。

（2）购入甲材料3 000千克，单价50元，计150 000元，购入乙材料2 000千克，单价60元，计120 000元，进项税额35 100元；发生运费2 000元（按重量比例分配计入甲、乙材料成本），进项税额180元。全部款项以银行存款付讫，材料尚未运到。

（3）上述购入的材料运到，验收入库，结转其实际采购成本。

（4）以银行存款支付广告费200 000元及进项税额12 000元。

（5）仓库发出材料，生产A产品耗用80 000元，生产B产品耗用38 000元，车间一般耗用36 000元，厂部耗用1 000元。

（6）从银行提取现金95 000元，当即支付职工工资。

（7）经计算，本月工资总额95 000元。其中，A产品工人工资30 000元、B产品工人工资40 000元、车间管理人员工资10 000元、厂部管理人员工资15 000元。

（8）以银行存款13 300元购入一批福利用品，当即向职工发放。其中，A产品生产工人4 200元、B产品生产工人5 600元、车间管理人员1 400元、厂部管理人员2 100元。

（9）月终，计提本月固定资产折旧费，车间5 450元，厂部2 800元。

（10）月终，按产品生产工时比例结转本月制造费用。A、B产品生产工时分别为15 000小时和20 000小时。

（11）本月新投产的A产品1 000件全部生产完工验收入库，结转其实际生产成本；B产品800件全部未完工。

（12）销售A产品500件，单价300元，货款150 000元，销项税额19 500元，收到商业汇票169 500元。

（13）按规定计算应交城市维护建设税2 100元、教育费附加900元。

（14）结转本月已销售A产品的实际生产成本（A产品月初无库存）。

（15）向灾区捐款300 000元，转账支票付讫。

（16）记账后，发现前述第（15）笔业务事项金额有误，应为200 000元，予以更正。

（17）财产清查时，发现短少一台机器，原值50 000元，已提折旧38 000元。

（18）按照管理权限报经批准，转销上述盘亏的固定资产净值：列作非常损失5 000元，向保险公司索赔7 000元。

（二）林城市夜郎药业公司3月末有关总账账户、明细账账户余额见下表，试据以计算、确定夜郎药业公司3月份资产负债表“期末余额”栏中部分项目的数额（本部分中每个资产负债表项目期末余额0.5分，共4分）。

夜郎药业公司总账、明细账部分资料

单位：元

账户		期末余额		账户		期末余额	
总账	明细账	借方	贷方	总账	明细账	借方	贷方
库存现金		6 800		库存商品		320 000	
银行存款		381 170		固定资产		9 876 800	
应收账款		150 000		累计折旧			2 733 500
	润丰公司	185 000		应付账款			110 000
	华远公司		35 000		长生公司		213 000
坏账准备			2 000		久隆公司	103 000	
预付账款		50 000		预收账款			90 000
	凤仪公司	67 000			广发公司		90 000
	格林公司		17 000	本年利润			128 000
材料采购		60 000		利润分配		58 000	
原 材 料		110 000		生产成本		130 000	

1. “货币资金”项目期末数=
2. “应收账款”项目期末数=
3. “预付款项”项目期末数=
4. “存货”项目期末数=
5. “固定资产”项目期末数=
6. “应付账款”项目期末数=
7. “预收款项”项目期末数=
8. “未分配利润”项目期末数=

附录二

会计学原理模拟试卷参考答案

一、单项选择题

1.C 2.C 3.B 4.D 5.D 6.A 7.C 8.D 9.C 10.B 11.C 12.D 13.B 14.C 15.C 16.D 17.C 18.B 19.B 20.C 21.A 22.D 23.D 24.C 25.B 26.D 27.A 28.B 29.B 30.D

二、多项选择题

1.ABCE 2.ABD 3.ABDE 4.CDE 5.ABCD 6.ABCDE 7.ABCDE 8.ABCDE 9.ABE 10.BCD

三、判断题

1.√ 2.× 3.× 4.√ 5.× 6.× 7.√ 8.√ 9.× 10.×

四、简答题

1.什么是借贷记账法？其要点有哪些？

借贷记账法是以“借”“贷”作为记账符号，以“有借必有贷、借贷必相等”作为记账规则的一种复式记账方法。它是世界各国通用的一种复式记账法，也是我国法定的会计记账方法。其基本要点是：

① 借贷记账法以“借”“贷”二字作为记账符号，用以标明记账的方向。

② 借贷记账法的账户基本结构是，左方为借方，右方为贷方。至于哪一方记增加，哪一方记减少，则根据账户反映的经济内容决定。

③ 借贷记账法的记账规则是“有借必有贷，借贷必相等”。

④ 借贷记账法的试算平衡一般采用发生额平衡的方法，也可以采用余额平衡的方法，总体是借贷双方自动平衡。一般通过编制“总分类账户试算平衡表”进行。

2.简述科目汇总表账务处理程序的一般程序。

科目汇总表账务处理程序的一般程序是：①根据原始凭证编制汇总原始凭证；②根据原始凭证和汇总原始凭证编制记账凭证（含收款、付款和转账凭证）；③根据收款凭证、付款凭证逐日逐笔循序登记库存现金和银行存款日记账；④根据原始凭证、汇总原始凭证和记账凭证登记明细分类账；⑤根据一定时期内的全部记账凭证定期汇总编制科目汇总表；⑥根据科目汇总表汇总登记总分类账；⑦月终，将库存现金、银行存款总分类账的余额与日记账的余额核对相符，将有关总分类账的余额与其所属明细分类账的余额之和核对相符；⑧月终根据总分类账和明细分类账编制会计报表。

五、业务题

（一）某企业本月发生以下交易或事项，试据以编制会计分录（列出必要的明细科目）（本部分中每笔交易或事项的会计分录为2分，共36分）。

（1）借：固定资产　　65 000
　　贷：实收资本　　65 000

（2）借：材料采购　　272 000
　　——甲材料　151 200
　　——乙材料　120 800

借：应交税费——应交增值税（进项税额）　　35 280
　贷：银行存款　　307 280

（3）借：原材料　　272 000
　　——甲材料　151 200
　　——乙材料　120 800
　贷：材料采购　　272 000
　　——甲材料　151 200
　　——乙材料　120 800

（4）借：销售费用　　200 000
　　应交税费——应交增值税（进项税额）　　12 000
　贷：银行存款　　212 000

（5）借：生产成本　　118 000
　　——A产品　80 000
　　——B产品　38 000
　　制造费用　　36 000
　　管理费用　　1 000
　贷：原材料　　155 000

（6）-①借：库存现金　　95 000
　贷：银行存款　　95 000

（6）-②借：应付职工薪酬　　95 000
　贷：库存现金　　95 000

（7）借：生产成本　　70 000
　　——A产品　30 000
　　——B产品　40 000
　　制造费用　　10 000
　　管理费用　　15 000
　贷：应付职工薪酬　　95 000

（8）-①借：应付职工薪酬　　13 300
　贷：银行存款　　13 300

（8）-②借：生产成本　　9 800
　　——A产品　4 200
　　——B产品　5 600
　　制造费用　　1 400
　　管理费用　　2 100
　贷：应付职工薪酬　　13 300

（9）借：制造费用　　5 450
　　管理费用　　2 800
　贷：累计折旧　　8 250

（10）借：生产成本　　52 850
　　——A产品　22 650
　　——B产品　30 200
　贷：制造费用　　52 850

（11）借：库存商品——A产品　　136 850
　贷：生产成本——A产品　　136 850

（12）借：应收票据　　169 500
　贷：主营业务收入　　150 000
　　应交税费——应交增值税（销项税额）　　19 500

（13）借：税金及附加　3 000

　　贷：应交税费　3 000

　　　　——应交城市维护建设税　2 100

　　　　——应交教育费附加　900

（14）借：主营业务成本　68 425

　　贷：库存商品——A产品　68 425

（15）借：营业外支出　300 000

　　贷：银行存款　300 000

（16）借：营业外支出　100 000

　　贷：银行存款　100 000

（17）借：待处理财产损溢——待处理固定资产损溢　12 000

　　　　累计折旧　38 000

　　贷：固定资产　50 000

（18）借：营业外支出　5 000

　　　　其他应收款——保险公司　7 000

　　贷：待处理财产损溢——待处理固定资产损溢　12 000

（二）计算、确定林城市夜郎药业公司3月份资产负债表“期末余额”栏中部分项目的数额（本部分中每个资产负债表项目期末数0.5分，共4分）。

1.“货币资金”项目期末数=6 800+381 170=387 970（元）

2.“应收账款”项目期末数=185 000-2 000=183 000（元）

3.“预付款项”项目期末数=67 000+103 000=170 000（元）

4.“存货”项目期末数=60 000+110 000+320 000+130 000=620 000（元）

5.“固定资产”项目期末数=9 876 800-2 733 500=7 143 300（元）

6.“应付账款”项目期末数=213 000+17 000=230 000（元）

7.“预收款项”项目期末数=90 000+35 000=125 000（元）

8.“未分配利润”项目期末数=128 000-58 000=70 000（元）